CATECISMO BÁSICO

CATECISMO BÁSICO

Enriquecido con Citas de la Sagrada Escritura

De Acuerdo con el Nuevo
Código de Derecho Canónico

Escrito por las Hijas de San Pablo

**Traducido al Español
por el Padre Alfonso Cerezo, S.T.D**

St. Paul Books & Media

Nihil Obstat:
Rev. Frederick J. Murphy
Rev. Thomas J. McDonnell

Imprimatur:
+ Bernard Cardinal Law
Archbishop of Boston

Los textos de la Sagrada Escritura empleados en esta obra vienen
tomados de *La Sagrada Biblia,* traducción de Pbro. Agustín Magaña
Méndez, Ediciones Paulinas, S.A. Mexico, D.F.

Library of Congress Cataloging-in-Publication Data

Boston, MA   :   St. Paul Editions,   c1985.
St. Paul Editions,

CURRENT PPD: 8506

Basic catechism. Spanish.
    Catecismo basico : enriquecido con citas de la Sagrada
Escritura de acuerdo : con el nuevo Codigo de derecho canonico /
escrito por las Hijas de San Pablo ; traducido al espanol por
Alfonso Cerezo. St. Paul Editions, c1985.
ISBN: 0-8198-1445-8

85-13103

A special debt of gratitude
to Rev. John Quill
for his careful reading of *Catecismo Básico*

Printed and published in the U.S.A by St. Paul Books & Media
50 St. Paul's Ave., Boston, MA 02130

St. Paul Books & Media is the publishing house of the Daughters of
St. Paul, an international congregation of women religious serving the
Church with the communications media.

2 3 4 5 6 7 8 9   99 98 97 96 95 94 93 92

INDICE

"Todo lo engendrado por El triunfa del mundo. Nuestra fe es la fuerza con que hemos triunfado del mundo. Y ¿quien es el que vence al mundo, si no el que cree que Jesús es el Hijo de Dios?"

1 Jn 5, 4-5

ORACIONES

La Señal de la Cruz

En el nombre del Padre, y del Hijo, y del Espíritu Santo. Amén.

Angelus

v. El Angel del Señor anunció a María;
r. Y concibió por obra del Espíritu Santo.
Dios Te Salve, María...
v. He aquí la esclava del Señor;
r. Hágase en mí según tu palabra.
Dios Te Salve, María...
v. Y el Verbo se hizo carne;
r. Y habitó entre nosotros.
Dios Te Salve, María...
v. Ruega por nosotros, Santa madre de Dios;
r. Para que seamos dignos de alcanzar las promesas de nuestro Señor Jesucristo.

Oremos. Te suplicamos, Señor, que infundas tu gracia en nuestras almas, para que habiendo conocido por el anuncio del Angel la Encarnación de tu Hijo Jesucristo, por su Pasión y Cruz alcancemos la gloria de la resurrección. Por el mismo Jesucristo Nuestro Señor. Amén.

Gloria Al Padre...

Regina Coeli

REINA DEL CIELO, ALEGRATE, ALELUYA.

Se dice durante el tiempo Pascual en vez del Angelus.
v. Reina del cielo, alégrate. Aleluya.

r. Porque el que mereciste llevar en tu seno. Aleluya.

v. Resucitó como lo había predicho. Aleluya.

r. Ruega por nosotros a Dios. Aleluya.

v. Gózate y alégrate, Virgen María. Aleluya.

r. Porque resucitó el Señor en verdad. Aleluya.

Oremos. Oh Dios, que te dignaste regocijar al mundo por la resurrección de tu Hijo, nuestro Señor Jesucristo: rogámoste nos concedas que por su Madre la Virgen María alcancemos los gozos de la vida eterna. Por el mismo Cristo Señor nuestro. Amén.

Padre Nuestro

Padre nuestro, que estás en el cielo, santificado sea Tu nombre; venga Tu reino; hágase Tu voluntad en la tierra como en el cielo. Danos hoy nuestro pan de cada día; perdona nuestras ofensas, como también nosotros perdonamos a los que nos ofenden; no nos dejes caer en tentación y líbranos del mal. Amén.

o también

Padre nuestro, que estás en el cielo, santificado sea Tu nombre; venga a nosotros Tu reino; hágase Tu voluntad así en la tierra como en el cielo; el pan nuestro de cada día dánosle hoy; y perdónanos nuestras deudas, así como nosotros perdonamos a nuestros deudores; y no nos dejes caer en la tentación; mas líbranos del mal. Amén.

El Avemaría

Dios te salve, María; llena eres de gracia; el Señor es contigo; bendita tú eres entre todas las mujeres, y bendito es el fruto de tu vientre, Jesús. Santa María, Madre de Dios, ruega por nosotros, pecadores, ahora y en la hora de nuestra muerte. Amén.

Gloria

Gloria al Padre y al Hijo y al Espíritu Santo. Como era en el principio, ahora y siempre, por los siglos de los siglos. Amén.

El Credo de los Apóstoles

Creo en Dios Padre Todopoderoso, Creador del cielo y de la tierra. Creo en Jesucristo, su único Hijo, nuestro Señor; que fue concebido por obra y gracia del Espíritu Santo, nació de Santa María Virgen; padeció bajo el poder de Poncio Pilato, fue crucificado, muerto y sepultado; descendió a los infiernos, al tercer día resucitó de entre los muertos; subió a los cielos y está sentado a la diestra de Dios Padre; desde allí ha de venir a juzgar a los vivos y a los muertos. Creo en el Espíritu Santo; la Santa Iglesia Católica, la Comunión de los Santos, el perdón de los pecados; la resurrección de los muertos; y la vida perdurable. Amén.

Acto de Fe

Oh Dios mío, creo firmemente que eres un solo Dios en tres Divinas Personas: Padre, Hijo y Espíritu Santo; creo que Tu Hijo Divino se hizo hombre y murió por nuestros pecados, y que ha de venir a juzgar a los vivos y a los muertos. Creo éstas y todas las verdades que la Santa Iglesia Católica enseña, porque Tú las has revelado, y no puedes engañar ni ser engañado. Amén.

Acto de Esperanza

Oh Dios mío, confiando en Tu bondad infinita y en Tus promesas, espero obtener el perdón de mis pecados, la ayuda de Tu divina gracia, y la vida eterna, por los méritos de Jesucristo, Señor y Redentor mío. Amén.

Acto de Amor

Oh Dios mío, te amo sobre todas las cosas, con todo mi corazón y con toda mi alma, porque eres todo bondad y digno de ser amado. Amo a mi prójimo como a mí mismo por amor tuyo. Perdono a todos los que me hayan ofendido y pido el perdón de todos los que yo haya ofendido. Amén.

Acto de Contrición

Oh Dios mío, me pesa de todo corazón haberte ofendido, y aborrezco todos mis pecados por el temor de perder el cielo y el horror de merecer las penas del infierno; pero más que todo, los aborrezco porque por ellos te he ofendido a Ti, Oh Dios mío, que eres infinitamente bueno y digno de ser amado. Propongo firmemente con la ayuda de Tu gracia nunca más pecar y apartarme de todas las ocasiones próximas de pecado. Amén.

La Salve

Dios te salve, Reina y Madre de misericordia, vida, dulzura y esperanza nuestra; Dios te salve. A ti llamamos los desterrados hijos de Eva; a ti suspiramos, gimiendo y llorando en este valle de lágrimas. Ea, pues, Señora, abogada nuestra, vuelve a nosotros esos tus ojos misericordiosos; y después de este destierro muéstranos a Jesús, fruto bendito de tu vientre. ¡Oh clementísima, oh piadosa, oh dulce Virgen María!
v. Ruega por nosotros, Santa Madre de Dios.
r. Para que seamos dignos de alcanzar las promesas de Nuestro Señor Jesucristo. Amén.

ORACIONES   17

Ofrecimiento de la Mañana

Oh Jesús, por medio del Inmaculado corazón de María, te ofrezco mis oraciones, obras, alegrías y penas de este día, por todas las intenciones de Tu Sagrado Corazón, en unión con el Santo Sacrificio de la Misa celebrado en todas las partes del mundo, en reparación por mis pecados, por las intenciones de todos los miembros del Apostolado de Oración, y en particular por las intenciones recomendadas para este mes por el Santo Padre. Amén.

Oración al Angel de la Guarda

Angel de Dios, amado ángel de mi guarda, a quien el amor de Dios ha confiado mi cuidado; permanece siempre a mi lado, ilumíname, y guárdame, rígeme y guíame. Amén.

Por las Almas del Purgatorio

Concédeles, Señor, el descanso eterno. Y brille para ellos la luz perpetua. Descansen en paz. Amén.

Oración antes de comer

Bendícenos, Señor, y estos dones tuyos que vamos a tomar de tu mano generosa, por Cristo Nuestro Señor. Amén.

Acción de Gracias después de comer

Te damos gracias por todos Tus beneficios, Señor todopoderoso, que vives y reinas por los siglos de los siglos. Amén.

Acordaos

Acordaos, oh piadosísima Virgen María, que jamás se ha oído decir que ninguno de los que han acudido a vuestra protección, implorando vuestro auxilio, reclamando vuestra asistencia, haya sido desamparado. Animado por esta confianza a Vos acudo, Madre, Virgen de las Vírgenes, y gimiendo bajo el peso de mis pecados me atrevo a comparecer ante Vos, Madre de Dios. No desechéis mis súplicas, antes bien, escuchadlas y acogedlas benignamente. Amén.

Modo de Rezar el santo Rosario

El Rosario completo consiste en quince misterios que están divididos en tres partes distintas, cada una teniendo cinco décadas o misterios. Los cinco misterios gozosos forman la primera parte, los cinco misterios dolorosos, la segunda parte, y los cinco misterios gloriosos, la tercera parte. Comenzamos el rezo del Rosario al santiguarnos con el crucifijo, mientras decimos: "Ven, Señor, en mi ayuda; Oh Señor, apresúrate a socorrerme." Rezamos después el "Credo de los Apóstoles," un "Padre nuestro," tres "Avemarías," y

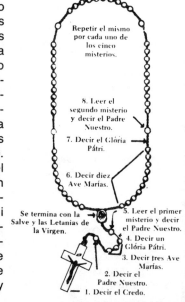

Repetir el mismo por cada uno de los cinco misterios.

8. Leer el segundo misterio y decir el Padre Nuestro.

7. Decir el Glória Pátri.

6. Decir diez Ave Marías.

Se termina con la Salve y las Letanías de la Virgen.

5. Leer el primer misterio y decir el Padre Nuestro.

4. Decir un Glória Pátri.

3. Decir tres Ave Marías.

2. Decir el Padre Nuestro.

1. Decir el Credo.

un "Gloria." No es necesario, sin embargo, decir estas oraciones para ganar la indulgencia que se concede a los que rezan el Santo Rosario. Lo siguiente es necesario: Meditar sobre el misterio, decir un "Padre Nuestro" y diez "Avemarías." Esto completa una década o misterio, y todas las demás décadas se dicen de la misma manera con un misterio diferente que se medita durante cada una de las décadas. Ordinariamente se concluye cada década con un "Gloria." Al fin del Rosario se pueden rezar "La Salve" y las Letanías de la Santísima Virgen.

Los Misterios Gozosos

1. La Encarnación del Hijo de Dios.
2. La Visitación de Nuestra Señora a su prima Santa Isabel.
3. El Nacimiento del Hijo de Dios en el portal de Belén.
4. La Purificación de Nuestra Señora y Presentación de Jesús en el Templo.
5. El Niño Jesús perdido y hallado en el Templo.

Los Misterios Dolorosos

1. La Oración de Jesús en el Huerto.
2. La Flagelación del Señor.
3. La Coronación de Espinas.
4. El Señor con la Cruz a cuestas camino al Calvario.
5. Jesús muere en la Cruz por los pecados del mundo.

Los Misterios Gloriosos

1. La Resurrección del Señor.
2. La Ascensión del Señor a los cielos.
3. La Venida del Espíritu Santo sobre los Apóstoles.
4. La Asunción de Nuestra Señora, en cuerpo y alma, a los cielos.
5. La Coronación de la Santísima Virgen como Reina de cielos y tierra.

Pautas Para Vivir la Vida Cristiana

Los Diez Mandamientos de la Ley de Dios

1. Amarás a Dios sobre todas las cosas.
2. No tomarás el nombre de Dios en vano.
3. Santificarás las fiestas.
4. Honrarás a tu padre y a tu madre.
5. No matarás.
6. No cometerás actos impuros.
7. No robarás.
8. No darás falso testimonio ni mentirás.
9. No consentirás pensamientos ni deseos impuros.
10. No codiciarás los bienes ajenos.

Los Dos Grandes Mandamientos

Amarás al Señor tu Dios
   con todo tu corazón,
   con toda tu alma,
   con toda tu mente,
   y con toda tu fuerza.
Amarás a tu prójimo como a tí mismo.

Los Siete Sacramentos

Bautismo
Confirmación
Sagrada Eucaristía
Penitencia

Unción de los Enfermos
Orden Sacerdotal
Matrimonio

Deberes Especiales de los Cristianos Católicos

1. Santificar el día de la resurrección del Señor: adorar a Dios al participar en la Santa Misa cada domingo y día de precepto*; evitar todas aquellas actividades que impidan la renovación del alma y del cuerpo.

2. Llevar una vida sacramental: recibir los sacramentos de la Santa Comunión y de la Penitencia con frecuencia.

—recibir el Sacramento de la Penitencia por lo menos una vez al año (la confesión anual es obligatoria solamente si hay conciencia de pecado mortal).

—recibir la Santa Comunión por lo menos una vez al año, de ordinario, entre el primer Domingo de Cuaresma y el Domingo de la Santísima Trinidad. Por causa justa este precepto se puede cumplir en otro tiempo durante el año (Vea el canon 920).

3. Estudiar la doctrina de la Iglesia en preparación para recibir el Sacramento de la Confirmación, ser confirmado, y después continuar estudiando y adelantando la causa de Cristo.

4. Obedecer las leyes de la Iglesia en cuanto al Sacramento del Matrimonio: dar educación religiosa (por medio de ejemplo y palabra) a los hijos; asistir a escuelas parroquiales y a programas de educación religiosa.

5. Fortalecer y contribuir al mantenimiento de la Iglesia: por ejemplo, al ayudar a la parroquia, a los sacerdotes asignados a la parroquia, a la Iglesia universal, y al Santo Padre.

---

* Los días de precepto en los Estados Unidos son: Navidad (el 25 de Diciembre); Solemnidad de María Madre de Dios (el lro. de Enero); Día de la Ascensión; la Asunción (el 15 de Agosto); Todos los Santos (el I de Noviembre); Inmaculada Concepción (el 8 de Diciembre).

6. Hacer penitencia, incluyendo el ayuno y la abstinencia de comer en los días señalados por la Iglesia.

7. Compartir en el espíritu misionario y en el apostolado de la Iglesia.

Las Ocho Bienaventuranzas

1. Bienaventurados los pobres en el espíritu, porque de ellos es el Reino de los cielos.
2. Bienaventurados los sufridos, porque ellos heredarán la tierra.
3. Bienaventurados los que lloran, porque ellos serán consolados.
4. Bienaventurados los que tienen hambre y sed de la salvación, porque ellos quedarán saciados.
5. Bienaventurados los misericordiosos, porque ellos alcanzarán misericordia.
6. Bienaventurados los limpios de corazón, porque ellos verán a Dios.
7. Bienaventurados los que trabajan por la paz, porque ellos se llamarán "los hijos de Dios."
8. Bienaventurados los perseguidos por causa de la justicia, porque de ellos es el Reino de los cielos.

Mt 5,3-10

La Obras de Misericordia

Las Siete Espirituales son éstas:

1. Enseñar al que no sabe.
2. Dar buen consejo al que lo necesita.
3. Corregir al que yerra.
4. Perdonar las injurias.
5. Consolar al triste.
6. Sufrir con paciencia los defectos del prójimo.
7. Rogar a Dios por los vivos y los muertos.

Las Siete Corporales son estas:

1. Visitar a los enfermos.
2. Dar de comer al hambriento.
3. Dar de beber al sediento.
4. Vestir al desnudo.
5. Dar posada al peregrino.
6. Redimir al cautivo.
7. Enterrar a los muertos.

Los Dones del Espíritu Santo

Sabiduría
Entendimiento
Consejo
Fortaleza

Ciencia
Piedad
Temor de Dios

Los Frutos del Espíritu Santo

Caridad
Alegría
Paz
Paciencia
Benignidad
Bondad

Mansedumbre
Humildad
Fidelidad
Modestia
Continencia
Castidad

LO QUE CREEMOS

COMO CONOCEMOS A DIOS

¿EXISTE DIOS?

Sí, Dios existe.

"Hay...un solo Señor, una sola fe, un solo bautismo, un solo Dios Y Padre de todos, quien está sobre todos, entre todos, y dentro de todos" (Ef 4,5-6).

¿QUIÉN ES DIOS?

Dios es el Espíritu todopoderoso que creó todas las cosas que constituyen el universo. El es nuestro Padre que siempre está con nosotros y nos aguarda en el cielo para hacernos partícipes de Su felicidad eterna.

"El Dios que hizo el mundo y todas las cosas que hay en él..." (He 17,24).

¿EXISTE UN DIOS REAL Y VIVO?

Sí, Dios es real y vivo

¿CÓMO PODEMOS SABER QUE DIOS EXISTE?

Podemos saber que Dios existe por el uso de la sola razón y a base de la revelación divina.

¿QUÉ QUEREMOS DECIR POR LA PALABRA "RAZON"?

Por la palabra "razón" queremos decir nuestra facultad de pensar.

¿CUÁLES SON ALGUNAS DE LAS MANERAS EN QUE SE PUEDE CONOCER LA EXISTENCIA DE DIOS POR MEDIO DE NUESTRA FACULTAD DE PENSAR Y DE RAZONAR?

Podemos saber que Dios existe por medio de las leyes y los propósitos de la naturaleza, los grados de perfección en el universo, el movimiento, las causas y los efectos, y los cambios en los seres creados. La Biblia nos hace la siguiente pregunta:

"Porque si (los hombres) pudieron conocer tanto, que pudieron investigar el universo, ¿cómo es que fallaron en encontrar más pronto al Señor del universo?" (Sab 13,9)

¿ACASO EL UNIVERSO MAGNIFICO QUE CONTEMPLAMOS Y NUESTRO MUNDO NOS SEÑALAN AL CREADOR?

Sí, el universo y nuestro mundo señalan al Creador. San Pablo dice:

"En efecto, sus invisibles atributos se han hecho visibles en las criaturas a la inteligencia desde la creación del mundo, lo mismo que su eterno poder y su divinidad" (Rom 1,20). (Véase también Rom 11,36.)

¿HAY OTRAS VERDADES RELIGIOSAS QUE SE PUEDEN CONOCER POR EL USO DE NUESTRA SOLA RAZON?

Sí, hay otras verdades religiosas que se pueden conocer por el uso de nuestra sola razón. He aquí algunas de ellas:

—el alma humana nunca morirá (véase la pág. 34).

—cada ser humano tiene el deber de adorar a Dios, que nos creó (véanse pp. 163-165).

—los Evangelios son libros verdaderos, históricos, y merecen ser creídos (véase la pág. 42).

Por eso es razonable creer que Dios se reveló a Sí mismo en Jesús y es razonable también pertenecer a la Iglesia que Jesús fundó, como veremos a lo largo de este *Catecismo Básico.*

¿QUÉ ES LA REVELACION DE DIOS?

La revelación divina es lo que Dios nos ha dicho acerca de Sí mismo, nosotros y Su plan de amor hacia nosotros. La revelación es el conjunto de las verdades de la religión que Dios nos ha dado a conocer por medio de la Sagrada Escritura y la Sagrada Tradición. (Para la Escritura véanse pp. 40-42, para la Tradición véanse pp. 42-43.)

¿POR QUÉ NECESITAMOS LA REVELACION DE DIOS?

Necesitamos la revelación de Dios porque sin la ayuda de El nuestra sola razón (nuestro poder de pensar) no podría descubrir todo lo que Dios quiere que sepamos y conozcamos acerca de El, nosotros y Su plan de amor hacia nosotros, que es para nuestro bien en la vida presente y futura.

¿CÓMO NOS DIO DIOS LA REVELACION?

Dios nos dio la revelación por medio de Su Hijo Jesucristo, que es Dios hecho Hombre. Se reveló a Sí mismo, también, en la Sagrada Escritura, en la Sagrada Tradición y en las enseñanzas oficiales de la Santa Iglesia Católica.

¿QUÉ ES EL "DEPOSITO DE LA FE"?

El Depósito de la Fe es el conjunto de las verdades que Dios ha revelado y entregado a Su Iglesia para preservarla y enseñarla.

¿CUÁLES SON ALGUNOS DE LOS MOTIVOS POR-QUE CREEMOS EN LO QUE DIOS HA REVELADO?

Creemos lo que Dios ha revelado porque somos Sus criaturas y El nos ama. El conoce todas las cosas, quiere nuestro bien y nunca nos conducirá por caminos extraviados.

¿QUÉ ES FE?

Fe es un don de Dios por el cual creemos todo lo que El ha revelado.

"Sin fe es imposible agradarle. Es preciso que quien se acerque a Dios crea que existe y que remunera a quienes lo buscan" (Heb 11,6).

¿CUÁL ES LA PROFESION DE FE QUE RECITAMOS EN LA SANTA MISA?

La Profesión de Fe que recitamos en la Santa Misa es el Credo. Es la oración de la misa en que afirmamos lo que creemos.

¿QUÉ ES UNA COMUNIDAD DE FE?

Una comunidad de fe es la comunidad de los fieles.

¿QUIÉNES SON LOS FIELES?

Los fieles son los seguidores leales de Nuestro Señor Jesucristo.

¿QUÉ ES UN NO-CREYENTE?

Un no-creyente es una persona que todavía no ha recibido, o ha rechazado, el don divino de la fe.

¿QUÉ ES UN ATEO?

Un ateo es una persona que declara que Dios no existe o por lo menos vive como si Dios no existiera.

¿QUÉ ES UN AGNOSTICO?

Un agnóstico es una persona que piensa que no podemos saber si Dios existe o no existe.

¿QUÉ ES INDIFERENTISMO?

Indiferentismo es la idea u opinión de que la religión no es importante o la creencia de que una religión es tan buena como otra cualquiera.

¿QUÉ ES INFIDELIDAD?

Infidelidad es la falta de fe o deslealtad.

¿CÓMO HABLA LA BIBLIA ACERCA DE LA PERSONA QUE DELIBERADAMENTE ELIGE RECHAZAR A DIOS?

La Biblia dice que tal persona es un necio.

"Dice para sí el insensato: 'no hay Dios'" (Sal 14, 1).

¿CÓMO PODEMOS AYUDAR A TRAER A LOS ATEOS A DIOS?

Podemos ayudar a traer a los ateos a Dios por llevar una vida tal como Dios nos pide, y por ser católicos instruídos en la fe, que queremos compartir nuestro conocimiento de la fe con todos los que lo piden.

¿QUÉ ES HEREJIA?

Herejía es la negación deliberada de una verdad de fe.

¿QUÉ ES APOSTASIA?

Apostasía es el rechazo completo de la Fe Católica por una persona bautizada.

¿CÓMO ES DIOS?

¿ES DIOS PERFECTO?

Sí, Dios es perfecto. También es todopoderoso, eterno, presente en todas las partes, todo bondad, todo sabiduría, todo misericordia, y todo justo.

"Ni tampoco es servido de manos de hombres, como si tuviera necesidad de alguien. Porque El es quien les da a todos la vida, la respiración y todas las cosas" (He 17,25).

¿QUÉ QUEREMOS DECIR CUANDO LLAMAMOS A DIOS TODOPODEROSO, ETERNO, MISERICOR-DIOSO Y JUSTO?

Por todopoderoso queremos decir que El tiene todo poder; por eterno queremos decir que El está "fuera del tiempo"—sin principio y sin fin—y que jamás puede ser modificado.

"Pero mil años son para Ti como el día de ayer que ya pasó" (Sal 90,4).

Misericordioso quiere decir que Dios nos perdona. Justo quiere decir que El es equitativo con todos.

¿QUÉ PALABRA DESCRIBE LAS PERFECCIONES ILI-MITADAS DE DIOS?

La palabra que mejor describe las perfecciones ilimitadas de Dios es *infinito,* que significa perfecto, sin límite alguno.

"Para Dios todo es posible" (Mt 19,26).

¿PUEDE DIOS SER MODIFICADO?

No, Dios no puede ser modificado.

"El Padre de las luces, en quien no existe mudanza, ni siquiera una sombra de vicisitud" (Sant 1,17).

¿QUÉ NOS ENSEÑA ACERCA DE DIOS EL NOMBRE "YAVE"?

El nombre Yavé viene del Antiguo Testamento y significa "El que es"; nos dice que Dios es la Vida en sí.

¿CUIDA DIOS DE NOSOTROS?

Sí, Dios cuida de nosotros. Su acción de amor en nuestras vidas se llama la Divina Providencia.

"Si me valgo de las alas de la aurora, y me voy a vivir al extremo de los mares, también allá me sostendrá tu diestra" (Sal 139,9).

¿QUÉ ES UN MISTERIO?

Según la religión, un misterio es una gran verdad revelada por Dios, que nuestra inteligencia limitada nunca podrá comprender totalmente.

¿QUE MISTERIO ESPECIAL NOS HA MANIFESTADO DIOS ACERCA DE SI MISMO?

Dios nos ha manifestado el misterio de la Santísima Trinidad. Se ha revelado a Sí mismo, tres Personas en un solo Dios—nuestro Dios Trino.

¿QUÉ ES EL MISTERIO DE LA SANTISIMA TRINIDAD?

El misterio de la Santísima Trinidad es el misterio de un Dios en tres Personas Divinas: Padre, Hijo y Espíritu Santo.

¿ES EL PADRE DIOS?

El Padre es Dios y como tal es la Primera Persona de la Santísima Trinidad.

¿ES EL HIJO DIOS?

El Hijo es Dios y como tal es la Segunda Persona de la Santísima Trinidad.

¿ES EL ESPIRITU SANTO DIOS?

El Espíritu Santo es Dios y como tal es la Tercera Persona de la Santísima Trinidad.

¿PODEMOS LLEGAR A COMPRENDER ALGUN ASPECTO CONCERNIENTE AL MISTERIO DE LA SANTISIMA TRINIDAD?

Podemos comprender que al decir "un solo Dios," queremos decir una sola naturaleza divina, al paso que al decir "tres Personas" nos referimos al Padre, al Hijo y al Espíritu Santo, que igualmente poseen la naturaleza divina.

¿CUÁL ES LA IMPORTANCIA DEL MISTERIO DE LA SANTISIMA TRINIDAD EN NUESTRAS VIDAS?

La importancia del misterio de la Santísima Trinidad en nuestras vidas consiste en esto: las tres Personas de la Trinidad nos llaman y nos invitan a alcanzar la felicidad eterna en unión con ellas. Por el Bautismo vienen a morar en nuestras almas. Si dejamos que la gracia de Dios acreciente en nosotros por medio de los sacramentos y la práctica de las virtudes cristianas, nos acercaremos más y más en esta vida a nuestro Dios Trino y algún día participaremos de la unión eterna con las tres Personas Divinas en el cielo.

DIOS CREADOR NUESTRO

¿QUIÉN ES EL PADRE?

El Padre es la Primera Persona de la Santísima Trinidad, a quien llamamos también Creador.

"En el principio creó Dios el cielo y la tierra" (Gén 1,1).

¿QUÉ SIGNIFICA "CREAR"?

Crear significa sacar de la nada lo que antes no existía, lo cual solamente Dios puede hacer.

¿QUÉ COSAS CREÓ DIOS?

Dios creó toda la materia y la energía en el universo, así como también los espíritus puros que se llaman ángeles y el alma de cada uno de nosotros.

"De modo que sin El no se hizo ni una sola cosa de cuantas se hicieron" (Jn 1,3).

¿POR QUÉ CREÓ DIOS AL MUNDO?

Dios creó al mundo por Su amor, y para mostrarnos sus perfecciones y hacernos partícipes de ellas.

¿QUÉ SON LOS ANGELES?

Los ángeles son espíritus puros, sin cuerpos. Están dotados de entendimiento y libre albedrío.

¿PODEMOS PROBAR POR LA SOLA RAZON LA EXISTENCIA DE LOS ANGELES?

No podemos probar por la sola razón la existencia de los ángeles; sin embargo, la existencia de los ángeles no es contraria a la razón. Es muy "razonable" sugerir que así como existen criaturas compuestas totalmente de materia, criaturas compuestas de materia y de espíritu, así también es correcto afirmar que pueden existir criaturas que son puramente espirituales.

¿CUÁNTOS ANGELES HAY?

No sabemos exactamente cuantos ángeles hay; sin embargo, la Biblia nos dice que existen muchísimos. Jesús mismo en el Huerto de Getsemaní declaró:

"Pues que crees que Yo no puedo pedirle a mi Padre, el cual me despacharía luego más de doce legiones de ángeles"? (Mt 26,53). (Véase también Dn 7,10; Heb 1,14; 2 Pe 2,11.)

¿DOTÓ DIOS A LOS ANGELES DE DONES ESPECIALES CUANDO LOS CREÓ?

Dios dotó a los ángeles de los dones especiales de la gracia sobrenatural, la sabiduría, el poder y la santidad. Recibieron también la oportunidad de merecer el cielo—la visión directa de Dios—si permanecían fieles a El.

¿PERMANECIO CADA ANGEL FIEL A DIOS?

No todos los ángeles permanecieron fieles a Dios; algunos pecaron. La Escritura nos dice:

"Pues si cuando pecaron los ángeles, no les perdonó Dios sino que los despeñó al infierno y los encerró en tenebrosas cavernas, teniéndolos allí encarcelados para el juicio" (2 Pe 2,4). (Véase también Jds 6).

¿CUÁL FUE LA RECOMPENSA CONCEDIDA A LOS ANGELES FIELES?

Los ángeles que permanecieron fieles a Dios fueron admitidos a la presencia y visión de Dios, cara a cara. Estos ángeles buenos contemplan, aman y adoran a Dios eternamente, y viven íntimamente con El.

¿NOS AYUDAN LOS ANGELES BUENOS?

Los ángeles buenos nos ayudan especialmente al pedir a Dios por nosotros, al llevar los mensajes de El a los hombres (vea Ex 23,20; Tob 5; Lc 1,28), y al ser nuestros ángeles de la guarda.

¿QUIÉNES SON LOS ANGELES DE LA GUARDA?

Los ángeles de la guarda son espíritus puros que velan por nosotros y que nos animan a que llevemos una vida cristiana más devota.

¿QUIÉNES SON LOS ARCANGELES?

Los arcángeles son miembros de un grupo específico de ángeles. En la Biblia aprendemos los nombres de tres arcángeles: Miguel, Rafael y Gabriel.

"Porque el Señor bajará del cielo a una voz de mando, a la voz de un arcángel, al resonar de la trompeta de Dios" (1 Tes 4,16).

¿QUÉ SUCEDIO A LOS ANGELES INFIELES?

Los arcángeles infieles que se rebelaron contra Dios fueron despachados al infierno, donde se llaman diablos o espíritus malos. De ellos Jesús no dijo:

"Dirá luego a los de la izquierda: 'Apartaos de mí, malditos, al fuego eterno que está destinado al diablo y a sus ángeles' " (Mt 25,41).

¿ACASO LOS ANGELES INFIELES PROCURAN HACERNOS MAL?

Los ángeles infieles realmente procuran hacernos daño, principalmente por tentarnos a pecar. Dice la Escritura:

"Vivid sobrios y en vela, porque vuestro adversario, el diablo, anda rondando como león rugiente, buscando a quien devorar. Resistidle con la firmeza de la fe; pues como sabéis, vuestros hermanos dispersos por el mundo sufren las mismas pruebas que vosotros" (1 Pe 5,8-9). (Vea Mt 10,1; Ef 6,11.)

¿VIENEN DE LOS ANGELES INFIELES TODAS LAS TENTACIONES AL PECADO A LAS QUE ESTAMOS SUJETOS?

Todas las tentaciones no vienen de los ángeles malos, solamente algunas. Otras tentaciones vienen de nosotros mismos, de nuestra naturaleza humana herida, y de las personas y cosas que nos rodean. La Escritura dice:

"Porque con el hombre que tengo dentro de mí me complazco en la Ley de Dios; pero siento a la vez en mis miembros otra ley que combate contra la ley de mi razón; y esa ley me arrastra cautivo bajo la ley del pecado que rige en mis miembros" (Rom 7,22-23). (Véase también Sant 1,13-14; 1 Jn 2,15).

¿SOMOS NOSOTROS, LOS SERES HUMANOS, CAPACES DE RESISTIR TODAS LAS TENTACIONES QUE RECIBIMOS?

Sí, nosotros poseemos el poder de resistir todas las tentaciones, porque una tentación, no importa su gravedad o fuerza, en sí no es un pecado. Y además, Dios siempre nos dará Su gracia y fortaleza si verdaderamente se las pedimos. San Pablo nos dice:

"De manera que el que crea estar parado, cuide de no caer. Ninguna tentación que no sea humana os ha asaltado. Fiel es Dios, el cual no permitirá que seáis tentados sobre vuestras fuerzas" (1 Cor 10,12-13).

¿QUÉ ES UN SER HUMANO?

Un ser humano es una criatura compuesta de cuerpo y alma, que vivirá para siempre. La Santa Biblia nos dice:

"El fue quien al principio creó al hombre, dejándole la facultad de seguir o no su inclinación" (Ecl 15, 14).

¿QUIÉNES FUERON EL PRIMER HOMBRE Y LA PRIMERA MUJER?

El primer hombre y la primera mujer fueron Adán y Eva, los primeros padres del género humano. (Vea el Génesis, capítulos 1—4.)

¿CUÁL FUE EL DON MAS IMPORTANTE QUE DIOS OTORGO A NUESTROS PRIMEROS PADRES?

El don más importante que Dios otorgó a nuestros primeros padres fue el de la gracia santificante.

¿QUÉ OTROS DONES RECIBIERON DE DIOS ADAN Y EVA?

Adán y Eva recibieron de Dios también los dones de la felicidad natural, la ciencia, el dominio de las pasiones por la razón, y la exención del sufrimiento y de la muerte.

¿PODIAN PECAR ADAN Y EVA?

Sí, Adán y Eva podían pecar porque Dios les había dado el libre albedrío.

¿QUÉ SIGNIFICA PECAR?

Pecar significa desobedecer deliberadamente la Ley y la Voluntad de Dios. (Pecado personal: vea la pág. 134.)

¿COMETIERON PECADO ADAN Y EVA?

Sí, Adán y Eva cometieron pecado. (Vea el Génesis 3,6.)

¿QUÉ SUCEDIO A NUESTROS PRIMEROS PADRES POR CAUSA DE SU PECADO?

Por causa de su pecado nuestros primeros padres perdieron la gracia santificante, el derecho de ir al cielo, y los demás dones que Dios les había dado. También quedaron sujetos al sufrimiento, a las fuertes inclinaciones hacia el mal y a la muerte, y fueron expulsados del Paraíso.

¿TIENE ACASO EL PECADO DE NUESTROS PRIMEROS PADRES ALGUN EFECTO EN NOSOTROS LOS DESCENDIENTES DE ADAN?

El pecado de nuestros primeros padres tiene su efecto en nosotros los descendientes de Adán. En consecuencia del pecado nacemos privados de la gracia santificante y también heredamos los castigos de Adán de modo similar a que hubiéramos heredado sus dones si él hubiera permanecido fiel a Dios.

¿CÓMO SE LLAMA ESTE PECADO EN NOSOTROS?

Este pecado en nosotros, el cual hemos heredado de Adán, se llama el pecado original.

¿CUÁL SERIA EL MEJOR MODO DE DESCRIBIR EL PECADO ORIGINAL?

El pecado original se puede describir como la privación de la gracia con la que todos venimos a este mundo; nuestros primeros padres perdieron la gracia divina no solamente para sí mismos, sino también para nosotros sus descendientes. (Gracia: vea la pág. 53.)

¿FUE ALGUIEN ACASO EXENTO DEL PECADO ORIGINAL?

Sí, María , la Virgen Madre de Jesús, por los méritos de su Divino Hijo, fue preservada del pecado original desde el primer instante de su concepción en el vientre de su madre Santa Ana. Este gran privilegio se llama la Inmaculada Concepción y fue proclamado un dogma de fe por el Papa Pío IX en 1854. Se celebra cada año como día de precepto el 8 de diciembre.

DESPUES DE HABERNOS CREADO, ¿NOS DEJÓ DIOS SUJETOS A NUESTRAS SOLAS FUERZAS?

Después de habernos creado, Dios de ningún modo nos dejó sujetos a nuestras solas fuerzas. Sin Su acción en nuestras vidas no podemos pensar, decidir u obrar. De hecho, Dios conserva en acto el universo entero para que no vuelva a la nada de la que fue sacado. (Vea 2 Mac 7,28.)

¿CUÁLES SON LOS HECHOS PRINCIPALES QUE DEBEMOS SABER ACERCA DE LA CREACION?

Los hechos principales que debemos saber acerca de la creación son los siguientes: Toda materia y energía en el universo fueron creadas por Dios. *Si hubiera existido* tal cosa como la evolución, Dios habría tenido que iniciarla y dirigirla. Cada alma humana ha sido creada directamente por Dios en el momento de la concepción del cuerpo.

¿QUÉ DEBEMOS PENSAR ACERCA DE LA CREACION?

Acerca de la creación debemos pensar que es el principio de todos los actos salvíficos de Dios en el mundo y en nuestras vidas personales.

¿CUÁL ES LA GLORIA MÁS GRANDE QUE DIOS RECIBE DEL UNIVERSO VISIBLE?

La gloria más grande que Dios recibe del universo visible viene de los seres humanos porque solo ellos tienen la libre voluntad para elegir a amar, adorar y servir a Dios. El modo más perfecto según el cual podemos cooperar con Dios en esta vida es hacer santa nuestra vida: es decir, cumplir la Divina Voluntad tan perfectamente como sea posible y así atraer a otros a Dios.

¿QUÉ ES LA TEORIA DE LA EVOLUCION?

La teoría de la evolución es el desarrollo a base de un proceso de cambios; con frecuencia se usa con relación al desarrollo del universo, de las plantas, de los animales y, también, del hombre. Nuestra Fe Católica enseña que aun si se pudiera probar que el cuerpo humano hubiera sido formado por el proceso de evolución, toda alma humana todavía había que haber sido creada directa e individualmente por Dios.

¿QUÉ ES LA HISTORIA DE LA SALVACION?

La Historia de la Salvación es la historia de las muchísimas acciones y obras hechas por Dios en las vidas de los seres humanos para librarlos del pecado y llevarlos a El.

¿DESEMPEÑAMOS NOSOTROS UN PAPEL EN LA HISTORIA DE LA SALVACION?

Ciertamente desempeñamos un papel en la Historia de la Salvación y debemos cooperar con Dios para que Su creación le dé la gloria y alabanza que El merece. Esto lo hacemos cuando compartimos en la vida de la gracia, que Dios hace disponible a nosotros a través de su Iglesia Católica.

¿CUÁLES SON LOS GRANDES ACTOS SALVIFICOS DE DIOS?

Los más grandes actos salvíficos de Dios son la Encarnación, Muerte y Resurrección de Jesucristo, Su Hijo Unigénito.

¿POR QUÉ ESTAMOS EN ESTE MUNDO?

¿CUÁL ES EL FIN DE NUESTRA VIDA EN LA TIERRA?

El fin de nuestra vida en la tierra es alcanzar la felicidad eterna que sólo podemos encontrar en Dios.

"Frente al hombre están la vida y la muerte; se te dará lo que escojas" (Ecl 15,17-18).

¿POR QUÉ SOLAMENTE DIOS PUEDE DARNOS LA FELICIDAD?

Sólo Dios puede hacernos felices porque nos dió tan gran deseo y aspiración por la felicidad; de modo que nada fuera de la unión con El puede hacernos felices y así satisfacernos completamente.

¿LLEGAREMOS A ESTA FELICIDAD AUTOMATICA-MENTE?

Esta felicidad no nos vendrá a nosotros de modo automático. Porque nuestro destino eterno es tan grande, Dios nos pide que lo *ganemos* con Su ayuda. Podemos ganar la vida eterna sólo si conocemos, amamos y servimos a Dios en esta vida.

"Trabajad en vuestra salvación con temor y temblor" (Fil 2,12).

¿CÓMO PODEMOS CONOCER A DIOS?

Podemos conocer a Dios al estudiar acerca de El y al creer todo lo que hemos aprendido. Hablando del punto de vista de la religión, *creer* quiere decir estar muy seguro de algo.

¿CÓMO PODEMOS AMAR Y SERVIR A DIOS?

Podemos amar y servir a Dios principalmente del modo siguiente:

—por querer amarle y servirle,
—por evitar el pecado,
Por participar en la vida sacramental, especialmente por medio de la frecuente recepción de la Penitencia y de la Eucaristía,
—por permanecer fieles a las enseñanzas y leyes de la Iglesia de Cristo,
—por atraer a otros hermanos nuestros a Dios por medio de una vida semejante a la de Cristo.

¿CUÁNDO PODEMOS COMENZAR A COMPARTIR LA FELICIDAD DE DIOS?

Podemos comenzar a compartir la felicidad de Dios aún en esta vida, esto es, por llevar una vida buena, que, a su vez nos trae la paz interior. Pero gozaremos de la felicidad más perfecta después de la muerte. En aquel entonces la persona fiel escuchará lo siguiente:

"Muy bien, criado bueno y fiel, en lo poco fuiste fiel...entra a alegrarte con tu amo" (Mt 25,23).

¿ACASO TODOS LOS HOMBRES SEGUIRAN VIVIENDO DESPUES DE LA MUERTE?

El alma humana es inmortal. Después de la resurrección de los muertos, cuerpo y alma serán unidos de nuevo para siempre.

"Y los que hayan obrado bien saldrán para una resurrección de vida, mientras que quienes hayan obrado mal saldrán de allí para una resurrección de condenación" (Jn 5,29).

¿COMO LLAMAMOS EL LUGAR O LA CONDICION DE ETERNA FELICIDAD CON DIOS?

El lugar o condición de felicidad eterna con Dios se llama el cielo.

¿COMO SABEMOS QUE EXISTE EL CIELO?

Sabemos que el cielo existe porque Dios mismo nos lo ha revelado. Jesús habló muchas veces de la recompensa eterna que aguarda a los justos.

"Entonces brillarán los justos como el sol en el Reino de su Padre. El que tenga orejas que oiga" (Mt 13, 43).

¿ES IMPORTANTE GUARDAR EN NUESTRAS MENTES EL PENSAMIENTO DEL CIELO?

Es de suma importancia guardar en nuestras mentes el pensamiento del cielo porque éste nos ayudará a llevar vidas mejores y a ser más felices, porque aspiraremos por estar eternamente con Dios. Asímismo nos ayudará a obrar el mayor bien que sea posible en nuestras vidas terrenales. (Vea 2 Cor 9,6-8.)

¿QUÉ DEBERIA PRODUCIR EN NOSOTROS EL PENSAMIENTO DEL CIELO?

El pensamiento del cielo debería hacernos más solícitos en trabajar y en ayudar a los demás, porque tal es la Voluntad de Dios, y El recompensará todo el bien que hagamos. Jesús dijo:

"Que brille así vuestra luz ante los hombres, para que vean vuestras buenas obras y den gloria a vuestro Padre que está en los cielos" (Mt 5,16).

¿QUÉ SIGNIFICA A DIOS NUESTRA SALVACION?

Nuestra salvación es muy deseada por Dios. San Pablo nos dice:

"Si Dios está por nosotros ¿quién estará contra nosotros? El que no perdonó a su propio Hijo, sino que lo entregó a la muerte por nosotros, ¿cómo no nos ha de conceder todas las cosas juntamente con El?" (Rom 8, 31-32)

DIOS ENVIO A SU HIJO

¿EN DÓNDE APRENDEMOS ACERCA DE LA REVE- LACION DE DIOS?

Aprendemos acerca de la revelación de Dios en la Sagrada Escritura (la Biblia) y en la Sagrada Tradición, tal como se nos enseña por la autoridad docente (el Magisterio) de la Iglesia Católica.

¿QUÉ ES LA BIBLIA?

La Biblia es la palabra verdadera de Dios, redactada por hombres que fueron inspirados por Dios Espíritu Santo. Es como una carta de Dios nuestro Padre a nosotros Sus queridos hijos.

¿CUÁLES SON LAS PARTES PRINCIPALES DE LA BIBLIA?

Las partes principales de la Biblia son el Antiguo Testamento y el Nuevo Testamento.

¿CÓMO ESTÁ DIVIDIDA LA BIBLIA?

La Biblia está dividida en los 46 libros del Antiguo Testamento (escritos antes del nacimiento de Cristo) y en los 27 libros del Nuevo Testamento (escritos después de la Resurrección de Cristo).

¿CUÁL ES EL TEMA PRINCIPAL DE LA BIBLIA?

El tema principal de la Biblia es el amor salvífico de Dios por nosotros los hombres, aun cuando seamos pecadores.

¿TIENE LA BIBLIA, TAMBIEN, OTROS TITULOS?

La biblia se llama, también: la Sagrada Escritura, las Escrituras y la Palabra de Dios.

¿QUÉ QUEREMOS DECIR CUANDO AFIRMAMOS QUE LA BIBLIA FUE ESCRITA BAJO INSPIRACION DIVINA?

Cuando decimos que la Biblia fue escrita bajo inspiración divina queremos decir que el Espíritu Santo iluminó y guió a los autores humanos de la Biblia para que escribieran todo y sólo aquello que Dios quería.

"Toda la Escritura es inspirada de Dios, y sirve para la doctrina, para refutar, para corregir, para educar en la virtud" (2 Tim 3,16).

¿DE QUÉ TEMAS TRATA EL ANTIGUO TESTAMENTO?

El Antiguo Testamento abarca la Historia de los actos salvíficos de Dios en las vidas del "Pueblo Escogido"—los Hebreos o Judíos; los actos divinos que los prepararon a ellos y, también, al mundo entero para la venida del Salvador.

¿CUÁL ES LA HISTORIA DEL PUEBLO ESCOGIDO EN BREVE?

En breve, la Historia del Pueblo Escogido comenzó cuando Dios llamó a Abrahám para ser el padre del Pueblo Escogido. Llamó a Moisés más tarde para librar a Su pueblo de la esclavitud en Egipto y les dio los Diez Mandamientos. Después escogió a Josué para llevar al pueblo a la "Tierra Prometida"—Canaán. Escogió a David para ser el gran rey de Su pueblo y antecesor de Cristo. Escogió a los profetas (portavoces), tales como, Isaías y Jeremías para recordar al pueblo de Dios a obedecer las leyes divinas.

¿DE QUÉ TEMAS TRATA EL NUEVO TESTAMENTO?

El Nuevo Testamento describe el nacimiento, vida, enseñanzas, muerte y resurrección de Jesucristo, el Hijo de Dios; así como también, la vida y el crecimiento de la primitiva Iglesia fundada por Cristo.

¿QUÉ APRENDEMOS DE LOS EVANGELIOS?

De los Evangelios aprendemos lo que Jesús nos pide que creamos y practiquemos para ser salvados y poder llegar después al cielo. Aprendemos del gran amor de Jesús y Su Padre por nosotros. Por este amor, Jesús murió por nosotros, para reparar por nuestros pecados.

¿QUIÉNES FUERON LOS AUTORES HUMANOS DE LOS CUATRO EVANGELIOS?

Los autores humanos de los cuatro Evangelios fueron los cuatro Evangelistas: Mateo, Marcos, Lucas y Juan. Estuvieron inspirados por el Espíritu Santo y así escribieron sola y únicamente la verdad acerca de Jesucristo.

¿PUEDEN ACASO LOS HOMBRES EQUIVOCARSE CUANDO TRATAN DE ENTENDER LA BIBLIA?

Los hombres pueden equivocarse cuando tratan de entender la Biblia; una de las razones por la cual Cristo nos dio la Iglesia Católica fue para explicarnos la Biblia. (Iglesia, vea la pag. 59.)

¿QUÉ ES LA SAGRADA O DIVINA TRADICION?

La Sagrada o Divina Tradición es el conjunto de las enseñanzas de Jesús o de los Apóstoles, iluminadas por el Espíritu Santo, que no fueron puestas por escrito por los primeros cristianos, sino que fueron transmitidas por los Apóstoles a sus sucesores de boca en las enseñanzas oficiales de la Iglesia.

"Otros muchos milagros hizo Jesús en presencia de sus discípulos, pero no están escritos en este libro" (Jn 20,30).

¿CUÁL ES LA IMPORTANCIA DE LA DIVINA TRADI-CION?

La Divina o Sagrada Tradición es tan importante como la Biblia, porque también forma parte íntegra de la divina revelación (Vea 2 Tes 2,15).

¿POR QUÉ INTERPRETA LA IGLESIA LA BIBLIA Y LA TRADICION?

La Iglesia interpreta la Biblia y la Tradición a fin de que estemos seguros de lo que Jesús quiere que creamos y practiquemos; a fin de cuentas, la Iglesia Católica goza de ayuda divina especial.

¿CUÁNDO COMENZO LA HISTORIA DE LA SALVA-CION?

La Historia de la Salvación comenzó en el tiempo de nuestros primeros padres, quienes pecaron gravemente y perdieron la gracia de Dios para sí mismos y para sus descendientes, el género humano. El pecado comenzó entonces a difundirse por el mundo; sin embargo, Dios no abandonó al género humano. Una y otra vez El ofreció al hombre una alianza. Le enseñó por medio de los profetas a tener esperanza en la salvación. Cuando llegó el tiempo señalado, El envió a Su Hijo para morir por nuestros pecados y darnos así la oportunidad de adquirir la felicidad celestial.

En el tiempo actual, por obra del Espíritu Santo, Dios continúa otorgando la salvación a todos los hombres, la salvación ganada para nuestro bien a través de la muerte de Jesús en la cruz del Calvario.

¿QUIÉN ES EL SALVADOR DE TODOS LOS HOM-BRES?

El Salvador de todos los hombres es Jesús.

¿QUIÉN ES JESUCRISTO?

Jesucristo es Dios Hijo, la segunda Persona de la Santísima Trinidad, que se hizo hombre por nuestra salvación.

"Pero al cumplirse el tiempo, mandó Dios a su Hijo, nacido de mujer...para que recibiéramos la adopción de hijos" (Gal 4,4-5).

¿ES JESUS VERDADERO DIOS Y VERDADERO HOMBRE?

Jesús es verdadero Dios y verdadero hombre.

¿QUÉ SIGNIFICA LA UNION HIPOSTATICA?

La unión hipostática es la expresión que empleamos para describir la unión de las dos naturalezas de Jesús, la una divina y la otra humana, en una sola Persona—en la Segunda Persona de la Santísima Trinidad.

¿FUE JESUS SIEMPRE DIOS Y HOMBRE?

Jesús siempre fue Dios, pero no siempre fue hombre. El nombre que damos a la verdad de que El tomó cuerpo y alma humanos es la Encarnación. Jesús será para siempre Dios y hombre.

¿QUÉ PODEMOS ENTENDER EN CUANTO A JESUS COMO DIOS Y EN CUANTO A JESUS COMO HOMBRE?

Jesús es una sola Persona, y esa Persona es Dios Hijo. Y porque tiene dos naturalezas—la una divina y la otra humana—El es Dios y hombre.

¿QUÉ QUEREMOS DECIR CUANDO DECIMOS NATURALEZA Y PERSONA?

Naturaleza es *qué* alguien es. Persona es *quien* es. Jesús es una Persona con dos naturalezas. Este es un gran misterio de nuestra Fe Cristiana.

¿ES JESUS DIOS Y HOMBRE A LA VEZ?

Sí, Jesús es y siempre será Dios y hombre.

¿POR QUÉ SE HIZO HOMBRE EL HIJO DE DIOS?

El hijo de Dios se hizo hombre para enseñarnos lo que debemos creer, para mostrarnos el modo más recto de vivir la vida, y sobre todo para morir y resucitar por nuestra salvación. (Vea Heb 1,2.)

¿QUIÉN FUE LA MADRE DE JESUS?

La Madre de Jesús fue la Santísima Virgen María, una doncella judía de Nazaret. Nos dice la Tradición que sus padres fueron San Joaquín y Santa Ana.

¿QUIÉN FUE EL PADRE DE JESUS?

El Padre de Jesus es Dios Padre.

¿QUIÉN FUE SAN JOSE?

San José fue el padrastro y guardián de Jesús.

¿EN QUÉ MOMENTO SE HIZO HOMBRE EL HIJO DE DIOS?

El Hijo de Dios se hizo hombre en el momento en que María consintió en ser Su Madre; la Segunda Persona de la Santísima Trinidad tomó un cuerpo humano y un alma en su vientre por obra y gracia de Dios Espíritu Santo.

¿QUÉ SIGNIFICA LA ANUNCIACION?

La anunciación es el día (por costumbre muy antigua el 25 de marzo) en que la Iglesia recuerda el anuncio que el ángel Gabriel hizo a María, el consentimiento de ella y la Encarnación del Hijo de Dios en su vientre virginal.

¿ES MARIA VERDADERAMENTE LA MADRE DE DIOS?

Sí, María es verdaderamente la Madre de Dios porque es la Madre de Jesús quien es Dios.

¿QUÉ SIGNIFICA EL NACIMIENTO VIRGINAL?

El nacimiento virginal es el hecho de que Nuestra Señora permaneció virgen antes, durante y después del nacimiento de Jesús.

¿QUÉ SIGNIFICA EL NOMBRE JESUCRISTO?

Jesús significa "Dios salva" o "el Salvador." Cristo significa "Mesías" o "Ungido."

¿DÓNDE NACIO JESUS?

Jesús nació en Belén de Judá, la pequeña aldea donde nació el Rey David.

¿QUÉ SIGNIFICA LA PALABRA SALVADOR?

Salvador es "el que salva," esto es, el que libra al pueblo del pecado y lo lleva a Dios. El "Mesías" fue el gran líder profetizado en el Antiguo Testamento, que establecería el Reino de Dios en la tierra.

"...a quien pondrás el nombre de Jesús, porque él librará de sus pecados a su pueblo" (Mt 1,21).

¿CÓMO NOS ENSEÑO JESUS EL MODO EN QUE DEBEMOS VIVIR?

Jesús nos enseñó cómo vivir, especialmente por medio de Su ejemplo, esto es, por el modo en que llevó Su vida pública y privada. Su vida pública es Su vida de enseñanzas; probablemente tuvo una duración de un poco más de dos años. Su vida pública terminó con Su muerte y resurrección.

¿DÓNDE APRENDEMOS ACERCA DE LA VIDA Y LAS ENSEÑANZAS DE JESUS?

Aprendemos acerca de la vida y de las enseñanzas de Jesús especialmente en los cuatro Evangelios.

¿PRUEBAN LOS EVANGELIOS QUE JESUS ES DIOS VERDADERO?

Sí, los Evangelios prueban que Jesús es verdaderamente Dios. De modo que fueran muy claros para la gente de Su época y país; Jesús realmente probó que El era Dios. Por ejemplo, El dijo:

"Todas las cosas me las ha entregado mi Padre, y nadie conoce al Hijo sino el Padre, ni conoce nadie al Padre sino el Hijo, y aquel a quien el Hijo se lo revelare" (Mt 11,27).

¿CÓMO PROBO JESUS SU PRETENSION DE SER DIOS?

Jesús probó Su pretensión de ser Dios al obrar milagros y al hacer profecías.

"Porque esas obras que mi Padre me ha otorgado hacer, esas mismas obras que Yo hago, dan de mi testimonio, de que mi Padre me ha enviado" (Jn 5,36).

¿QUÉ ES UN MILAGRO?

Un milagro es algo que sucede fuera de todos los modos ordinarios de obrar, esto es, fuera de las leyes de la naturaleza; es algo que sólo Dios puede hacer, porque El es el autor de las leyes de la naturaleza.

¿QUÉ ES PROFECIA?

Profecía se refiere a los eventos que están por venir en el futuro; básicamente es la mediación e intervención de la mente y de la voluntad divina.

¿PRUEBAN LOS EVANGELIOS QUE JESUS FUE HOMBRE VERDADERO?

Sí, los Evangelios prueban que Jesús fue hombre verdadero. Por los Evangelios podemos conocer cómo Jesús creció de la niñez a la adultez, y que estuvo sujeto al hambre, a la sed y al cansancio lo mismo como nosotros lo estamos. En el Huerto de Getsemaní rezó para que se cumpliera la voluntad de su Padre, y no la suya propia—lo cual demostró que El tenía una voluntad humana distinta de Su voluntad divina. Estos son algunos ejemplos sacados del Evangelio que prueban la condición humana de Jesús.

JESUS FUE LLAMADO MAESTRO O "EL QUE EN-SEÑA," ¿A QUIÉNES ENSEÑO?

Jesús enseñó a todos los que se acercaron a El para escuchar Sus palabras, mas dio un entrenamiento especial e instrucción a Sus discípulos, especialmente a los doce Apóstoles.

¿CUÁL FUE EL MILAGRO MÁS GRANDE QUE HIZO JESUS?

El milagro más grande que hizo Jesús fue el de Su resurrección. Cuando el apóstol Tomás vio a Jesús resucitado, lo adoró como a Dios. Jesús dejó que así lo hiciera y no lo impidió, lo cual muestra otra vez que El es Dios.

¿CUÁLES FUERON ALGUNAS DE LAS PROFECIAS DE JESUS?

Jesús predijo su Pasión y Resurrección, la negación de San Pedro, la traición de Judas Iscariote, y la destrucción del Templo de Jerusalén (que tuvo lugar a los cuarenta años después de Su Ascensión a los cielos).

¿POR QUÉ PRUEBAN LOS MILAGROS Y LAS PROFECIAS DE JESUS SU DIVINIDAD?

Los milagros y las profecías de Jesús sólo habrían podido acontecer si Dios hubiera estado con El y así aprobar lo que El había afirmado en cuanto a su divinidad.

LOS HOMBRES QUE SIGUIERON A JESUS DE UN MODO ESPECIAL SE LLAMABAN SUS DISCIPULOS Y APOSTOLES; ¿QUÉ SIGNIFICAN ESTAS PALABRAS?

Discípulo significa "el que aprende" o "el seguidor"; apóstol quiere decir "el que es enviado." Jesús había sido enviado por Su Padre a este mundo; El, a Su vez, estuvo preparando a Sus apóstoles para enviarlos al mundo como Sus mensajeros oficiales.

¿QUÉ ES LA REDENCION?

La redención es el rescate de todos nosotros por Jesús, que entregó Su vida al extremo por causa de nosotros en la cruz.

"El Hijo del hombre no ha venido a que le sirvan, sino a servir, y a dar su vida en rescate de la muchedumbre" (Mc 10,45).

¿POR QUÉ MURIO JESUS?

Jesús murió para expiar y satisfacer por el pecado de nuestros primeros padres y por nuestros propios pecados personales, pero más aun, murió para que pudiéramos recibir la vida de Dios que se llama la gracia santificante, y tener la oportunidad de alcanzar la felicidad celestial.

¿TUVO JESUS QUE SUFRIR Y MORIR PARA GANAR NUESTRA SALVACION?

No, Jesús no tuvo que sufrir y morir para salvarnos. El eligió libremente alcanzar nuestra salvación de esa manera.

"Yo soy el buen Pastor; el buen pastor de la vida por sus ovejas" (Jn 10,11).

¿QUÉ APRENDEMOS DEL HECHO DE QUE JESUS ELIGIO MORIR POR NOSOTROS?

La elección de Jesús de morir en la cruz por nuestra salvación nos enseña cuánto nos ama y qué horrible es el pecado.

"Nadie tiene un amor más grande que este: dar la vida por sus amigos" (Jn 15,13).

¿ESTABA DIOS "OBLIGADO" A DARNOS UNA SEGUNDA OPORTUNIDAD DESPUES DEL PECADO DE NUESTROS PRIMEROS PADRES?

De ningún modo estaba Dios "obligado" a brindar a la humanidad "una segunda oportunidad" para llegar al cielo después del pecado de nuestros primeros padres; pero escogió dárnosla y a costa de la vida de Su Hijo. De modo que todos somos culpables por la muerte de Jesús; no podemos arrojar la culpa a individuos o grupos de personas particulares.

"Jesús moriría por aquella nación, y no sólo por aquella nación, sino también para reunir en un cuerpo a los hijos de Dios que estaban dispersos" (Jn. 11,51-52).

¿MURIO JESUS POR TODOS LOS HOMBRES?

Sí, Jesús murió por todos los hombres; El es nuestro Redentor.

"El es la víctima de propiciación por nuestros pecados; y no sólo por los nuestros, sino también por los de todo el mundo" (1 Jn 2,2).

¿REALMENTE MURIO JESUS?

Jesús verdaderamente murió.

"...Yo os pasé la doctrina que yo recibí: que Cristo murió por causa de nuestros pecados...; que fue sepultado; que al tercer día resucitó..." (1 Cor 15,3-4).

Esto quiere decir que Su alma humana se separó de Su cuerpo humano.

Para quitar toda duda, los Evangelios claramente afirman que Jesús estaba ya muerto cuando el soldado atravesó Su corazón con la lanza.

¿QUÉ NOMBRE DAMOS A LOS SUFRIMIENTOS DE CRISTO ANTES DE SU MUERTE?

Llamamos a los sufrimientos de Cristo antes de Su muerte, la Pasión.

¿QUÉ SUCEDIO EL VIERNES SANTO?

El Viernes Santo es el viernes antes de la Pascua en que recordamos de un modo especial los sufrimientos de nuestro Salvador y la muerte que padeció por nosotros en el Calvario.

¿VOLVIO JESUS OTRA VEZ A LA VIDA?

Sí, Jesús volvió otra vez a la vida como nos lo dicen claramente los Evangelios. La unión otra vez del cuerpo y del alma de Jesús fue la obra de Dios Todopoderoso: es decir, la obra de cada una de las tres personas: Padre, Hijo y Espíritu Santo.

¿COMO SE LLAMA EL RETORNO DE JESUS A LA VIDA?

El retorno de Jesús a la vida se llama la Resurrección.

¿POR QUÉ ES TAN IMPORTANTE LA RESURRECCION DE JESUS?

La Resurrección de Jesús es tan importante porque prueba que El es verdaderamente Dios así como lo declaró y, en consecuencia, que Su muerte verdaderamente obtuvo por nosotros la salvación. San Pablo afirma:

"Bien sabemos que una vez resucitado Cristo de entre los muertos, ya no tiene la muerte ningún dominio sobre El" (Rom 6,9).

¿QUÉ LLAMAMOS LA PASION, MUERTE Y RESURRECCION Y ASCENSION DE JESUS?

La Pasión, Muerte, Resurrección y Ascensión de Jesús se llaman el Misterio pascual. "Pascual" es una palabra que se refiere a la Pascua, "pasar por encima"; "misterio" aquí quiere decir "evento" o "suceso."

¿QUÉ NOS ENSEÑA LA RESURRECCION DE CRISTO EN CUANTO A NUESTRA PROPIA RESURRECCION FUTURA?

La Resurrección de Jesús nos enseña cómo será nuestra propia resurrección al fin de los tiempos. Así como el poder de Dios unió el cuerpo y alma de Jesús, así nuestros cuerpos y almas serán unidos otra vez por obra y poder de Dios al fin de los tiempos.

¿QUÉ SUCEDIO DESPUES DE LA RESURRECCION DE JESUS?

Después de Su Resurrección Jesús se apareció a sus seguidores muchas veces para probarles que El verdaderamente había resucitado y para prepararlos para su misión. Después subió al Padre.

"A ellos se les presentó vivo después de su Pasión, dándoles muchas pruebas de ello" (He 1,3).

¿CÓMO SE LLAMA LA DESPEDIDA VISIBLE DE JESUS DEL MUNDO?

La despedida visible de Jesús de este mundo se llama la Ascensión. Este acontecimiento importante se conmemora cada año en el Jueves de la Ascensión, a los cuarenta días de la Pascua de Resurrección.

¿ESTÁ JESUS PRESENTE EN EL MUNDO ACTUAL?

Sí, Jesús está presente en el mundo actual. Está totalmente presente (como Dios y como Hombre) en la

Sagrada Eucaristía. Está presente también en los demás sacramentos, las acciones suyas que nos dan el Espíritu Santo y la gracia. Está presente también por Su poder de Dios, nos habla por medio de la Biblia y la Iglesia, especialmente el Papa.

"CREO EN EL ESPIRITU SANTO"

¿QUIÉN ES EL ESPIRITU SANTO?

El Espíritu Santo es la Tercera Persona de la Santísima Trinidad.

"Habéis sido sellados con el Espíritu Santo prometido..." (Ef 1,13). (Vea también Rom 8,14-17; He 1,8.)

¿ES DIOS EL ESPIRITU SANTO?

Sí, el Espíritu Santo es Dios igual que el Padre y el Hijo.

¿CUÁLES SON OTROS NOMBRES QUE DAMOS AL ESPIRITU SANTO?

Otros nombres que damos al Espíritu Santo son: Espíritu de Dios, Don del Espíritu de la verdad, Dador de vida, Paráclito y Consolador.

¿QUÉ SIGNIFICA LA PALABRA "PARACLITO"?

Paráclito quiere decir "el que es llamado para ayudar." Esta expresión se usa especialmente en asuntos legales. Jesús explicó a los Apóstoles que el Espíritu Santo, el Paráclito, juzgaría al mundo. En la última Cena dijo Jesús:

"Cuando él (Intercesor) venga convencerá al mundo de error tocante al pecado, a la justicia y al juicio" (Jn 16,8).

¿QUÉ HACE POR NOSOTROS EL ESPIRITU SANTO?

El Espíritu Santo nos transforma por medio de la gracia, las virtudes, los dones, y las gracias actuales. Nos ayuda a conocer a Jesús, nuestro Salvador y nuestro Padre celestial. Nos ayuda además a orar y a anunciar el mensaje de Jesús a nuestros hermanos.

¿QUÉ HACE EL ESPIRITU SANTO POR LA IGLESIA?

El Espíritu Santo une al pueblo de Dios que es la Iglesia Católica, en la unidad de fe y guía a los maestros de la Iglesia—el Papa y los obispos en comunión con él para que no caigan en error. Nos da la gracia que Jesús nos ganó por medio de Su muerte en la cruz.

¿CUÁNDO SE HIZO VISIBLE EL ESPIRITU SANTO A LOS SEGUIDORES DE JESUS POR PRIMERA VEZ?

Aunque el Espíritu Santo estuvo activo en el mundo antes de la resurrección de Jesús, consideramos el día de Pentecostés como el día en que el Espíritu Santo se dio a conocer a los discípulos de Jesús. Dio a los apóstoles valor y fortaleza, conocimiento más profundo de las enseñanzas de Jesús, y un espíritu de sacrificio. Les dio la gracia y los unió más estrechamente entre sí.

"Porque nosotros no podemos dejar de hablar de lo que hemos visto y oído" (He 4,20).

¿CUÁL ES EL DON ESPECIAL QUE NOS DA EL ESPIRITU SANTO?

El don especial que nos da el Espíritu Santo es la gracia que fue obtenida para nosotros por la muerte de Jesús en la cruz. Jesús murió y resucitó, no solamente para satisfacer por la gran ofensa de nuestros pecados, sino también para darnos la oportunidad de llegar al cielo por medio de la gracia.

¿QUÉ ES LA GRACIA?

Gracia, o la vida de Dios en nosotros, es un don especial que Dios nos concede gratuitamente para que podamos participar en su felicidad. Gracia quiere decir "favor de amor." La gracia de Dios es sobrenatural—esto es, "por encima de los poderes y facultades de toda criatura." Y así, la gracia nos lleva más directamente a Dios.

¿HAY ACASO DIFERENTES CLASES DE GRACIA?

Hay dos clases de gracia: gracia santificante y gracia actual (ambos términos se explicarán abajo).

¿POR QUÉ HAY DIFERENTES CLASES DE GRACIA?

Hay diferentes clases de gracia porque necesitamos muchas clases de ayuda divina, y Dios, siendo generoso, nos concede Su ayuda.

¿QUÉ ES EL ESTADO DE GRACIA?

El estado de gracia es la participación del hombre en la vida propia de Dios—un estado de amistad íntima con Dios.

¿DE QUÉ OTRO MODO PODEMOS DESCRIBIR NUESTRA "PARTICIPACION EN LA VIDA DE DIOS"?

Nuestra participación en la vida misma de Dios también se puede llamar la gracia santificante, que significa el auxilio divino que nos convierte en santos. Esta gracia es necesaria para que participemos en la vida de Dios y alcancemos la felicidad eterna después de la muerte.

¿QUÉ VIENE A SER UNA PERSONA QUE ESTÁ EN ESTADO DE GRACIA?

Una persona en estado de gracia se convierte en hijo o hija adoptiva del Padre. Las tres Personas de la Santísima Trinidad viven en la persona como en un "templo." San Pablo así afirma:

"¿Que, no sabéis que sois un templo de Dios, y que su Espíritu vive dentro de vosotros?" (1 Cor 3,16) (Vea también: Jn 14,16-17; 14,23.)

¿QUÉ ES MERITO?

Mérito es el derecho de recibir un premio en el cielo ganado por aquellos que están en gracia de Dios y que rezan y hacen obras buenas por amor a Dios.

¿QUÉ ES LA GRACIA SANTIFICANTE?

La gracia santificante es el don de Dios que nos da una participación en Su propia vida divina y que nos convierte en santos. Los que poseemos la gracia santificante estamos en estado de gracia.

¿QUÉ PUEDE EXPULSAR LA GRACIA SANTIFICANTE DE NUESTRAS ALMAS?

Sólo el pecado mortal arroja la gracia santificante de nuestras almas.

¿QUÉ SON LAS GRACIAS ACTUALES?

Las gracias actuales son los auxilios temporales y transitorios enviados por el Espíritu Santo, que nos dan el poder de conocer y de obrar lo que Dios espera de nosotros. Puede describirse también la gracia actual como una iluminación temporal de la mente o una fuerza para la voluntad, por la cual Dios nos da el poder de evitar el pecado o de hacer algo bueno.

¿QUÉ QUIERE DECIR "LUZ O ILUMINACION DE LA MENTE"?

Luz de la mente significa un buen pensamiento o una inteligencia más clara en cuanto a lo que Dios espera o nos invita a hacer aquí y ahora, en este momento y en este lugar.

¿SON LAS GRACIAS ACTUALES DISTINTAS DE LAS VIRTUDES Y DE LOS DONES?

Las gracias actuales son distintas de las virtudes y de los dones en el sentido de que son auxilios temporales, al paso que las virtudes y los dones son permanentes en el alma. (De hecho algunas de las virtudes permanecen en el alma, aun cuando la gracia haya sido expulsada del alma por causa del pecado mortal).

¿A QUIÉNES DA DIOS GRACIAS ACTUALES?

Dios da gracias actuales a todos los hombres; a cada uno.

¿QUÉ EFICACES SON LAS GRACIAS ACTUALES?

Las gracias actuales no nos obligan a hacer lo que debemos, porque Dios siempre nos deja libres. Las gracias actuales son eficaces y nos dan el poder del buen obrar, si cooperamos con ellas.

¿QUÉ ES UNA VIRTUD?

Una virtud es un poder de obrar el bien o un hábito del bien obrar. Las principales virtudes divinas son las que se llaman teologales (tienen a Dios como centro) y las cardinales ("quicio" o "dintel"). Aunque estos poderes sean dones gratuitos de Dios, debemos usarlos para que puedan convertirse en nosotros en hábitos de bien obrar, que es lo que Dios ha ordenado que fueran.

¿QUÉ SON LAS VIRTUDES TEOLOGALES?

Las virtudes teologales son hábitos dados por Dios y que tienen a Dios como centro. Se llaman: fe, esperanza y caridad.

¿QUÉ QUEREMOS DECIR POR LA PALABRA "TEOLOGAL"?

Por la palabra "teologal" queremos decir "lo que pertenece a Dios," se refiere a Dios.

¿QUÉ ES LA VIRTUD DE LA FE?

Fe es la virtud por la cual creemos en Dios y en todo lo que El nos ha revelado.

¿QUÉ HACE PARA NOSOTROS LA VIRTUD DE LA FE?

San Pedro dice que la virtud de la fe hace lo siguiente:

"Jesucristo a quien amáis sin haberlo conocido, y en el cual creéis ahora, sin verlo. Por eso rebosáis de una alegría inefable y gloriosa porque váis a alcanzar el fin de vuestra fe que es la salvación de vuestras almas" (1 Pe 1,8).

¿QUÉ ES LA VIRTUD DE LA ESPERANZA?

Esperanza es la virtud por la cual confiamos en que nuestro Dios todopoderoso y fiel nos llevará al cielo si vivimos en la tierra como El nos pide que vivamos.

¿QUÉ ES LA VIRTUD DE LA CARIDAD?

Caridad es la virtud por la cual amamos a Dios sobre todas las cosas y a nuestro prójimo por amor a Dios.

"Jesús dijo: 'Amaréis al Señor tu Dios con todo tu corazón, con toda tu alma, y con toda tu inteligencia.' Este es el más grande y el primero de los mandamientos. El segundo es parecido: 'Amarás a tu prójimo como a tí mismo'" (Mt 22,37-39).

¿QUÉ SON LOS ACTOS DE FE, ESPERANZA Y CARIDAD?

Los actos de fe, esperanza y amor (caridad) son oraciones que expresan nuestra creencia, nuestra confianza y nuestro amor a Dios.

¿QUÉ VIRTUDES SE LLAMAN LAS CARDINALES?

Las virtudes cardinales son prudencia, justicia, fortaleza y templanza.

¿POR QUÉ SE LLAMAN CARDINALES A ESTAS VIRTUDES?

Se llaman cardinales a estas virtudes porque son como cuatro "llaves" o "bisagras" sobre las que dependen las demás virtudes (las virtudes morales).

¿QUÉ ES LA VIRTUD DE LA PRUDENCIA?

Prudencia es la virtud por la cual una persona pone el cielo antes que toda otra cosa creada; reflexiona cuidadosamente antes de actuar; hace selecciones juiciosas; y hace sus obras bien.

¿QUÉ ES LA VIRTUD DE LA JUSTICIA?

Justicia es la virtud por la cual una persona es equitativa con todos —antes que todo, equitativa con Dios.

¿QUÉ ES LA VIRTUD DE LA FORTALEZA?

Fortaleza es la virtud por la cual una persona hace lo que es bueno y recto a pesar de cualquier dificultad que se presente.

¿QUÉ ES LA VIRTUD DE LA TEMPLANZA?

Templanza es la virtud por la cual una persona ejercita control de si misma respecto a las inclinaciones de la naturaleza humana.

¿QUÉ SE ENTIENDE POR DONES DEL ESPIRITU SANTO?

Los Dones del Espíritu Santo son siete inclinaciones especiales que nos da el Espíritu para que estemos más prontos y diligentes de voluntad en hacer lo que El espera de nosotros. Los Dones del Espíritu Santo nos preparan para recibir las gracias actuales y nos dan más facilidad para practicar las virtudes.

¿CUÁLES SON LOS DONES DEL ESPIRITU SANTO?

Los dones del Espíritu Santo son sabiduría, entendimiento, consejo, fortaleza, ciencia, piedad y temor de Dios.

¿QUÉ ES EL DON DE SABIDURIA?

Sabiduria es el don que nos ayuda a amar las cosas espirituales, a hacer Dios número uno en nuestra vida, y a considerar todas las cosas ya como ayuda, ya como obstáculo a alcanzar el cielo.

¿QUÉ ES EL DON DE ENTENDIMIENTO?

El don de entendimiento nos ayuda a ver más profundamente las verdades que creemos ya por fe.

¿QUÉ ES EL DON DE CONSEJO?

El don de consejo nos ayuda a escoger lo que es recto, aun en medio de circunstancias difíciles.

¿QUÉ ES EL DON DE FORTALEZA?

Fortaleza es el don que nos ayuda a ser valerosos y pacientes en superar las dificultades y en cumplir nuestros deberes.

¿QUÉ ES EL DON DE CIENCIA?

Ciencia es el don que nos ayuda a conocer a Dios y todo lo que El espera de nosotros por medio de las criaturas.

¿QUÉ ES EL DON DE AMOR DE REVERENCIA (PIEDAD)?

El amor de reverencia nos ayuda a amar a Dios como nuestro Padre y a todos los hombres como hermanos, para que asi estemos al servicio de Dios y de todos los hombres.

¿QUÉ ES EL DON DE TEMOR DE DIOS?

Temor de Dios nos ayuda a respetar a Dios y a querer agradarle en todas las cosas.

¿QUÉ SON LOS FRUTOS DEL ESPIRITU SANTO?

Los frutos del Espíritu Santo son obras y hábitos buenos que resultan de nuestra respuesta y cooperación con los impulsos del Espíritu Santo para obrar el bien (gracias actuales). Los frutos son: caridad, alegría, paz, paciencia, benignidad, bondad, mansedumbre, humildad, fidelidad, modestia, continencia y castidad.

¿QUÉ ES HUMILDAD?

Humildad es la virtud por la cual nos conocemos verdaderamente a nosotros mismos y vemos que lo que es bueno en nosotros viene de Dios.

"CREO EN LA SANTA IGLESIA CATOLICA"

¿CÓMO LLAMAMOS A LA IGLESIA FUNDADA POR JESÚS?

Llamamos a la Iglesia fundada por Jesús la Iglesia Católica.

¿QUÉ ES LA IGLESIA CATOLICA?

La Iglesia Católica es la verdadera Iglesia fundada por Jesucristo, que se puede conocer por las siguientes características: lealtad al Papa y a los obispos en comunión con él; unidad en las verdades que creemos y en el código moral que seguimos; unidad de culto: el sacrificio de la Misa, los medios de santidad, y los siete sacramentos.

¿POR QUÉ COMENZO JESUS SU IGLESIA?

Jesús comenzó Su Iglesia para continuar Su misión de llevar a todos los hombres a la salvación eterna. San Pedro lo dijo así a los primeros cristianos:

"Vosotros que antes no lo erais, sois ahora el pueblo de Dios" (1 Pe 2,10).

¿QUÉ PAPEL ESPECIAL DESEMPEÑA EL ESPIRITU SANTO EN LA VIDA DE LA IGLESIA?

El Espíritu Santo desempeña el papel de mantener en fidelidad a los miembros de la Iglesia a las enseñanzas de Jesús, hasta el fin de los tiempos. El Espíritu Santo también ayuda a la Iglesia constantemente a ser más santa y perfecta: en la Iglesia misma y en sus miembros.

"La Iglesia de Dios vivo, columna y basamento de la verdad" (1 Tim 3,15).

¿CUÁLES SON LAS CUATRO CARACTERISTICAS POR MEDIO DE LAS CUALES PODEMOS IDENTIFICAR LA IGLESIA VERDADERA EN NUESTRO MUNDO ACTUAL?

La verdadera Iglesia fundada por Cristo es una, santa, universal (o Católica) y apostólica. Solamente la Iglesia Católica, Apostólica y Romana posee estas cuatro características.

¿CÓMO ES UNA LA IGLESIA CATOLICA?

La Iglesia Católica es una en su doctrina (verdades de fe y código de moral), en su culto, y en su gobierno. Todos los católicos están unidos al papa por medio de su obispo.

"Un solo cuerpo y un solo espíritu, de la misma manera que habéis sido llamados a una y misma esperanza de vuestro llamamiento. Un solo Señor, una sola fe, un solo bautismo..." (Ef 4,4-5).

¿CÓMO ES SANTA LA IGLESIA CATOLICA?

La Iglesia Católica es santa porque su Fundador y su doctrina son santos; porque su fuente de vida sobrenatural, el Espíritu Santo, es santa, y porque sus sacramentos dan la gracia que convierte en santos a los hombres.

¿CÓMO ES UNIVERSAL LA IGLESIA CATOLICA?

La Iglesia Católica es católica o universal porque fue fundada para todos los hombres de todos los lugares.

¿CÓMO ES APOSTOLICA LA IGLESIA CATOLICA?

La Iglesia Católica es apostólica porque puede probar su fundación hasta llegar al tiempo de los Apóstoles.

¿QUÉ QUEREMOS DECIR CUANDO HABLAMOS DE LA FE CATOLICA?

Por la Fe Católica queremos decir y entendemos todas las enseñanzas de la Iglesia Católica; todo lo que creemos por fe.

¿QUÉ COSAS PODEMOS APRENDER AL LEER LA HISTORIA DE LA IGLESIA?

Por la Historia de la Iglesia podemos saber que Jesús está con Su Iglesia, tal como lo prometió, a pesar de las persecuciones que la Iglesia padezca; que la Iglesia siempre se ha dedicado a ayudar a los hombres; y que ha producido santos en todas las épocas a fin de que el pueblo de Dios hubiera podido imitarlos.

¿QUÉ QUEREMOS DECIR CUANDO LLAMAMOS A LA IGLESIA CATOLICA EL CUERPO MISTICO DE CRISTO?

Cuando llamamos a la Iglesia Católica el Cuerpo Místico de Cristo entendemos la unión real y verdadera de los miembros de la Iglesia (los vivos y los muertos) con

Jesús y mutuamente entre sí mismos, por causa de la actividad fecunda de la gracia del Espíritu Santo. San Pablo dijo:

"Así somos todos nosotros un solo cuerpo en Cristo, siendo todos mutuamente miembros los unos de los otros" (Rom 12,5) (Vea también 1 Cor 12, 17).

¿CUÁL ES EL PAPEL QUE DESEMPEÑA EL PAPA EN LA IGLESIA?

El Papa es el Vicario de Cristo y el maestro y líder principal del Pueblo de Dios. Jesús dijo:

"Yo te digo a ti que tú eres Roca y que sobre esta Roca construiré mi Iglesia" (Mt 16,18). (Vea también Jn 21,17.)

¿POR QUÉ ES TAN IMPORTANTE EL PAPEL DEL PAPA EN LA IGLESIA?

El papel del Papa es tan importante en la Iglesia por que él es el maestro y jefe principal de ella. Es el Vicario de Cristo, es decir: toma el lugar de Cristo en la Iglesia. La Iglesia Católica siempre tendrá el Papa porque es lo que Jesús quiso, así fue Su voluntad.

¿QUÉ QUEREMOS DECIR POR EL PRIMADO DEL PAPA?

Por el Primado del Papa entendemos "el primer lugar"; que en la Iglesia el Papa enseña, gobierna y guía a los Católicos en lo que creen y en cómo han de llevar su vida.

¿QUÉ SIGNIFICA EL TITULO: "PRINCIPE DE LOS APOSTOLES"?

El título "Príncipe de los Apóstoles" fue dado a San Pedro, el primer Papa, y significa que él es el primero entre los Apóstoles, el jefe del grupo.

¿POR QUÉ ES IMPORTANTE SEGUIR AL PAPA?

Es importante seguir al Papa porque el Espíritu Santo lo guía al enseñarnos lo que debemos creer y practicar para alcanzar la salvación.

¿QUÉ SIGNIFICAN LAS PALABRAS "PAPAL" Y "PONTIFICE"?

La palabra "Papal" significa todo lo que atañe al Papa; "Pontífice," en el lenguaje ordinario, es otro nombre que empleamos al referirnos al Papa.

¿QUÉ QUEREMOS DECIR CUANDO AFIRMAMOS QUE LA IGLESIA CATOLICA TIENE EL DON DE LA INFALIBILIDAD?

El don de la infalibilidad es la exención de caer en error cuando se enseña una verdad de fe o de moral. El don viene del Espíritu Santo y se concede en circunstancias específicas al Papa y a los obispos en comunión con él.

¿QUÉ SIGNIFICA LA EXPRESION "EX CATHEDRA"?

La expresión "ex cathedra" es de origen latino y significa "de la cátedra" de San Pedro. Se usa para referirse a las declaraciones infalibles del Papa que debemos creer y aceptar como católicos.

¿QUÉ ES LA CIUDAD DEL VATICANO?

La ciudad del Vaticano es la ciudad (que también es una nación independiente) en donde vive el Papa.

¿QUÉ ES UNA ENCICLICA?

Una encíclica es una carta escrita por el Papa, dirigida con frecuencia a los obispos, con intención de servir a toda la Iglesia y, a veces, a todos los hombres.

¿QUIÉNES SON LOS QUE CONTINUAN EN LA IGLESIA LA MISION DE LOS APOSTOLES?

Los que continúan en la Iglesia la misión de los Apóstoles son el Papa, que es el obispo supremo, y todos los demás obispos en comunión con él. Ellos nos guían en nombre de Jesús.

¿QUÉ PODERES TIENEN LOS OBISPOS?

Los obispos tienen todos los poderes de los sacerdotes y, además, el poder de ordenar y de confirmar.

¿QUÉ HACEN LOS OBISPOS?

Los obispos guían y enseñan a los católicos que residen en sus propias diócesis. Animan a todos los católicos a conocer y a vivir su fe. Después del Papa, los obispos son los maestros más importantes de la Iglesia. Son para nosotros lo que fueron los Apóstoles para los primeros cristianos.

¿POR QUÉ SE LLAMA A LOS OBISPOS LOS SUCESORES DE LOS APOSTOLES?

Se llama a los obispos los sucesores de los Apóstoles porque han recibido la posición de los Apóstoles. (Sucesor es una persona que recibe la posición de otro) (Vea 1 Pe 5,2-3).

¿QUÉ ES LA JERARQUIA?

La jerarquía son los autoridades de la Iglesia—especialmente el Papa y los obispos, pero también están incluídos los sacerdotes y los diáconos.

¿QUÉ QUIERE DECIR EL TERMINO "MAGISTERIO"?

Magisterio se refiere a la autoridad docente de la Iglesia, autoridad revestida en el Vicario de Cristo, el Papa, y en los obispos, como sucesores de los Apóstoles, en comunión con el Santo Padre.

¿QUÉ QUIERE DECIR "COLEGIO DE LOS OBISPOS"?

Por "Colegio de los Obispos" se significa que todos los obispos extendidos por toda la tierra, y que están en comunión con el Papa, forman un cuerpo llamado la jerarquía o el colegio apostólico.

¿QUÉ ES EL "COLEGIO DE CARDENALES"?

El "Colegio de Cardenales" es la expresión que se refiere a todos los Cardenales considerados como un cuerpo unido. Este cuerpo—escogido individualmente de entre los obispos y sacerdotes por el Papa para ser sus consejeros—también elige al nuevo Papa cuando sea menester.

¿QUÉ ES UN CONCILIO ECUMENICO?

Un Concilio Ecuménico es la reunión de los obispos de todas las partes del mundo convocados por el Papa para tratar y explicar las enseñanzas de la Iglesia y para establecer pautas para el Pueblo de Dios. Las conclusiones de un Concilio Ecuménico tienen valor solamente cuando han sido aprobadas por el Papa.

¿QUÉ ES UN CARDENAL?

Un Cardenal es un obispo (o sacerdote) a quien el Papa ha elegido para que pertenzca al grupo especial de sus consejeros (y para elegir al nuevo Papa cuando haya necesidad).

¿QUÉ ES UN ARZOBISPO?

Un Arzobispo es generalmente el obispo de una diócesis importante (arquidiócesis), que tiene un cierto grado de autoridad sobre los obispos de las diócesis vecinas.

¿QUE SON UNA DIOCESIS O UNA ARQUIDIOCESIS?

Diócesis o arquidiócesis es un territorio específico que está compuesto de parroquias y puesto por el Papa bajo el cuidado espiritual de un jefe de la Iglesia llamado un obispo o un arzobispo.

¿QUÉ ES UNA PARROQUIA?

Una parroquia es la comunidad de cristianos que comunitariamente dan culto a Dios en la misma iglesia y que son guiados por el mismo sacerdote, generalmente llamado un párroco. Un sacerdote diocesano está al servicio del Pueblo de Dios en una parroquia.

¿QUÉ ES UN PARROCO?

Un párroco es el sacerdote principal o "pastor" de una parroquia.

¿QUIÉN ES EL VICARIO GENERAL?

El Vicario General es un obispo auxiliar o un sacerdote designado por un Cardenal o por un obispo para ayudarle a gobernar su diócesis. Por esta razón el Vicario General participa en la jurisdicción del obispo.

¿QUÉ ES LA OFICINA DE LA CANCILLERIA DE UNA DIOCESIS O ARQUIDIOCESIS?

La oficina de la Cancillería es la oficina central en la que se tramitan los asuntos de una diócesis o arquidiócesis; es la oficina en la que se archivan y se tramitan los asuntos de la Iglesia.

¿QUÉ ES EL DERECHO CANONICO?

El Derecho Canónico es la ley de la Iglesia, tal como se encuentra expresada en el Código de Derecho Canónico.

¿QUÉ SIGNIFICA LA PALABRA "IMPRIMATUR"?

"Imprimatur" significa el permiso otorgado por un obispo para que se puedan imprimir y publicar libros que versan sobre la Fe.

¿QUÉ ES UN CATOLICO?

Un católico es un miembro de la Iglesia Católica, Apostólica y Romana, que se distingue de otros cristianos por su fidelidad al Papa, quien es la Cabeza de la Iglesia de Jesucristo por ser sucesor de San Pedro. Un católico fervoroso acepta lo que la Iglesia enseña como recibido de Cristo mismo, y se esfuerza en conformar su vida a esas enseñanzas.

¿QUIÉNES FORMAN EL PUEBLO DE DIOS?

El Pueblo de Dios, el "pueblo escogido" de la Nueva Alianza, son todos los miembros de la Iglesia.

¿ES LA IGLESIA CATOLICA NECESARIA PARA LA SALVACION?

Sí, la Iglesia Catolica es necesaria para la salvación porque todas las gracias que vienen de Cristo se comunican a los hombres por medio de Su Iglesia.

¿PUEDEN ACASO SALVARSE LOS HOMBRES QUE NO PERTENEZCAN AL LA IGLESIA CATOLICA?

Los hombres que no sean miembros de la Iglesia Católica pueden salvarse si no por culpa suya no conocen al Salvador Jesucristo y a Su Iglesia, mas, sin embargo, buscan sinceramente a Dios y se esfuerzan en llevar una vida buena con Su ayuda.

¿QUIÉNES SON LOS LAICOS?

Los laicos son todos los fieles que no sean clérigos o religiosos con Ordenes sagradas.

¿QUIÉNES SON LOS CATOLICOS DE RITO ORIEN-TAL?

Los católicos de Rito Oriental son grupos de fieles unidos al Papa, que tienen la misma fe y creencias que los fieles del Occidente (Rito Latino), pero se distinguen ligeramente según el modo en que celebran la Santa Misa y administran los sacramentos, así como en varias leyes y costumbres eclesiásticas.

¿QUIÉNES SON LOS CRISTIANOS DE LA ORTODOX-IA ORIENTAL?

Los cristianos ortodoxos son Cristianos no-Catolicos que se separaron de la Iglesia Católica durante la Edad Media. Tienen la Misa y los siete sacramentos pero no aceptan al Papa como el jefe principal de la Iglesia.

¿QUÉ ES ECUMENISMO?

Ecumenismo es el esfuerzo entre los cristianos para unirse en una sola Iglesia. Se le llama también el movimiento ecuménico

¿QUÉ QUEREMOS DECIR CUANDO DECIMOS QUE UNA PERSONA QUEDA EXCOMULGADA?

Cuando decimos que una persona queda excomulgada queremos decir que por causa de una razón grave la persona no puede recibir los sacramentos, especialmente la Sagrada Eucaristía.

¿QUÉ ES UN CISMA?

Un cisma es ser separado de la autoridad del Papa y de la unidad (unicidad) de la Iglesia.

¿QUÉ ES LA COMUNION DE LOS SANTOS?

La Comunión de los Santos es la comunicación de los auxilios espirituales entre los miembros del Cuerpo de Cristo (la Iglesia) en el cielo, en la tierra y en el purgatorio.

¿QUÉ ES UN MARTIR?

Un mártir es aquella persona que se entrega a la muerte mas bien que negar la Fe cristiana.

¿QUÉ ES UN MISIONERO?

Un misionero es una persona dedicada a la difusión de la Palabra de Dios (un evangelizador) especialmente en tierras de misión.

¿QUÉ ES UNA MISION?

Una misión es el propósito o fin que una persona tiene en la vida, que, para Cristo y todo cristiano, es la salvación del mundo. Una misión puede ser también una comunidad cristiana establecida para dar a los pueblos no-cristianos la oportunidad de aprender acerca de Jesús y la salvación.

¿QUÉ ES UN SANTO?

Un santo es una persona virtuosa en la tierra o en el cielo, especialmente aquella que ha crecido tan íntimamente unida a Dios en la tierra, que la Iglesia la ha declarado una santa después de su muerte.

¿QUÉ ES UN SANTO PATRON?

Un santo patrón es una persona especial que la Iglesia nos presenta para que imitemos sus virtudes y a quien debemos rezar como a un intercesor; un protector celestial, generalmente el santo del propio nombre que llevamos.

MUERTE Y LO QUE VIENE DESPUES...

¿QUÉ ES LA MUERTE?

La muerte es la separación del alma del cuerpo: acaece cuando el cuerpo de un ser humano queda sin vida, mientras el alma continúa viviendo. La Biblia dice acerca de Dios:

"Haces que vuelvan los hombres al polvo. Les dices: 'Hijos de Adán, volved al polvo' " (Sal 90,3).

¿QUÉ ES UN FUNERAL?

Un funeral es la Misa ofrecida por un difunto y las demás ceremonias celebradas en conexión con el sepelio de la persona que ha muerto.

¿QUÉ ES UN CEMENTERIO?

Un cementerio es el lugar adecuado para la sepultura de los cuerpos de los muertos. Para los católicos el cementerio es el espacio bendecido debidamente, destinado a la sepultura de los fieles (Vea el canon, 1240).

¿QUÉ ES CREMACION?

Cremación es la reducción del cuerpo humano a cenizas por medio del fuego. "La Iglesia aconseja vivamente que se conserve la piadosa costumbre de sepultar el cadáver de los difuntos; sin embargo, no prohibe la cremación, a no ser que haya sido elegida por razones contrarias a la doctrina cristiana" (Canon 1176, 3).

¿QUÉ ES LA FALSA CREENCIA LLAMADA "REENCARNACION"?

La falsa creencia llamada 'reencarnación' está fundada en el concepto erróneo de que las almas de los muertos volverán a la tierra bajo nuevas formas de cuerpos. Se le llama también "la transmigración de las almas."

¿QUÉ ES LA SEGUNDA VENIDA?

La segunda venida de Cristo se refiere a la venida final de Cristo en gloria al fin de los tiempos, cuando vendrá para premiar a los justos y castigar a los malos.

"El Hijo del hombre ha de venir revestido de la gloria de su Padre, y en compañía de sus ángeles; y entonces le dará a cada cual según sus obras" (Mt 16,27; vea 26,64; He 1,11).

¿QUÉ AGUARDA A LA PERSONA DESPUES DE LA MUERTE Y EL JUICIO PARTICULAR?

Después de la muerte y del juicio individual o particular una persona puede ir al cielo para toda la eternidad; o al purgatorio por un tiempo determinado y después al cielo; o al infierno por toda la eternidad.

¿QUÉ ES EL JUICIO PARTICULAR?

El juicio particular es el juicio de una persona por Cristo inmediatamente después de la muerte. Se le llama también juicio individual.

"A los hombres les está destinado el morir una sola vez, y luego el ser juzgados" (Heb 9,27).

¿QUÉ ES EL JUICIO GENERAL?

El juicio general o universal es el acontecimiento que sucederá al fin de los tiempos cuando Dios dará a conocer a cada uno su destino eterno en presencia de todos los hombres.

¿SERAN ACASO LOS MISMOS NUESTROS CUERPOS RESUCITADOS, TAL COMO LO SON AHORA?

Nuestros cuerpos resucitados serán los nuestros propios, pero transformados. Los cuerpos de los justos estarán en estado de gloria, lo que quiere decir que no sufrirán más necesidad física y estarán dotados de cualidades que no poseían durante su existencia mortal.

"Los muertos resucitarán incorruptibles, nosotros seremos transformados. Pues es necesario que este cuerpo corruptible se revista de la incorruptibilidad, y este cuerpo mortal se haya revestido de la inmortalidad" (1 Cor 15,52-53).

¿QUÉ SIGNIFICA UN "CUERPO GLORIOSO"?

El cuerpo glorioso es el cuerpo de aquel que ha resucitado de entre los muertos a la vida eterna, como lo fueron Jesús y María—como lo serán los santos en el Ultimo Día. Las cualidades de un cuerpo glorioso serán éstas:

- —impasibilidad: esto es, exención de sufrimientos y muerte;
- —claridad: nuestro cuerpo brillará como el sol, como brilló el cuerpo de Jesús en la Transfiguración;
- —agilidad: nuestros cuerpos tendrán la facultad y el poder de ir de un lugar a otro con la rapidez del pensamiento;
- —sutileza: estando espiritualizados de tal grado, podrán atravesar la materia sin dividirla, así como Jesús entró en el Cenáculo, estando las puertas cerradas. La gloria de cada persona estará determinada según la santidad alcanzada durante su vida terrenal.

¿HA SIDO ACASO CONSERVADO DE CORRUPCION Y LLEVADO AL CIELO EL CUERPO DE ALGUNA PERSONA HUMANA?

Por un privilegio especial, el cuerpo de una persona humana fue conservado de corrupción y llevado al cielo. Esa persona es la Santísima Virgen María. Este privilegio especial—proclamado como dogma de fe por el Papa Pío XII el 1° de noviembre, 1950—se llama la Asunción. Se celebra esta fiesta cada año el día 15 de agosto.

¿QUÉ ES UN DOGMA DE FE?

Un dogma de fe es una doctrina formalmente declarada por la suprema autoridad de la Iglesia y proclamada a todos los Católicos a través del mundo.

¿QUÉ SUCEDERA AL FIN DEL MUNDO?

Al fin del mundo, los cuerpos de todos los hombres resucitarán de la muerte y serán unidos de nuevo a sus almas para siempre. Los cuerpos de los justos compartirán la gloria de sus almas.

"Porque llegará la hora en que todos los que yacen en los sepulcros oirán su voz, y los que hayan obrado bien saldrán para una resurrección de vida, mientras que quienes hayan obrado mal saldrán de allí para una resurrección de condenación" (Jn 5,28-29).

¿QUÉ SEGUIRA DESPUES DEL JUICIO?

Después del juicio final habrá solamente el cielo y el infierno. Los justos compartirán para siempre la felicidad del cielo; los condenados compartirán para siempre las penas del infierno.

¿CUÁNDO SUCEDERA EL FIN DEL MUNDO?

Cuándo vendrá el fin del mundo no es del conocimiento de ninguna persona en la tierra.

"Pero ese día y esa hora no los sabe nadie, ni los ángeles de Dios (ni el Hijo), sino sólo el Padre" (Mt 24,36).

¿QUÉ QUIERE DECIR "ETERNO"?

"Eterno" quiere decir sin principio o fin.

¿QUÉ ENTENDEMOS POR ETERNIDAD?

Por eternidad entendemos lo que no tiene principio ni fin, y que no se puede modificar. Así tenemos que hablar en cuanto a la eternidad de Dios. Eternidad puede entenderse, también, cuando hablamos de la condición de los ángeles y de los hombres que tuvieron principio, mas continuarán siempre en la existencia por poder de Dios.

¿QUÉ ES LA VISION BEATIFICA?

La visión beatífica es la visión y la experiencia clara e inmediata de Dios, de la que gozan los ángeles y los santos en el cielo.

¿QUÉ SON LOS "BIENAVENTURADOS"?

Los "Bienaventurados" son las almas de los muertos que están en el cielo. Es éste el título que damos también a una persona que ha sido beatificada o declarada "bienaventurada" por la Iglesia.

¿CUÁNTO TIEMPO VAN A DURAR EL CIELO Y EL INFIERNO?

El cielo y el infierno son para siempre.

LOS QUE ESTAMOS TODAVIA EN LA TIERRA, ¿PODEMOS AYUDAR A LAS ALMAS DEL PURGATORIO?

Los que vivimos en la tierra podemos ayudar a las almas en el purgatorio con nuestras oraciones, especialmente al ofrecer por ellas como sufragio la Santa Misa y actos de caridad.

LOS QUE ESTAMOS TODAVIA EN LA TIERRA, ¿PODEMOS AYUDAR A LAS ALMAS QUE ESTAN EN EL INFIERNO?

Los que vivimos en la tierra no podemos ayudar a las almas que están en el infierno. Estas no pueden recibir ningún auxilio.

¿QUÉ ES EL LIMBO?

Limbo es el lugar en donde esperaban las almas de las personas buenas antes y hasta la muerte y resurrección de Jesús, cuando El les abrió el cielo; es también el lugar en donde (como piensan algunos) las almas de los niños no-bautizados gozan de una felicidad natural, mucho menos perfecta que las alegrías del cielo.

¿QUÉ ES LA "PENA DE DAÑO"?

La "pena de daño" es uno de los sufrimientos que experimentan los que están en el infierno o en el purgatorio. Es la conciencia de estar separado de la vista y del gozo del Dios que es bueno y lleno de amor.

¿QUÉ ES LA "PENA DE SENTIDO"?

La "pena de sentido" es la expresión empleada para designar los demás sufrimientos del infierno o del purgatorio, tormentos que son o se experimentan como penas de orden físico.

¿QUÉ ES EL INFIERNO?

El infierno es el sufrimiento y la separación eternos de Dios.

¿QUÉ SON LOS CONDENADOS?

Los condenados son aquellas personas que sufren los castigos eternos del infierno.

"Dirá luego a los de la izquierda: 'Apartáos de mis, malditos, al fuego eterno que está destinado al diablo y a sus ángeles" (Mt 25,41). (Vea también 2 Tes 1,6-10.)

¿POR QUÉ DEBEMOS DESEAR IR AL CIELO?

Todos debemos desear ir al cielo porque en el cielo estaremos plenamente satisfechos por Dios; seremos perfectamente felices alabándolo para siempre. San Pablo lo dice así:

"Miramos ahora oscuramente como por medio de un espejo; pero después será cara a cara" (1 Cor 13,12).

¿HABRA PENA, DOLOR O PECADO EN EL CIELO?

En el cielo no hay pena ni dolor, ni pecado, ni cosa alguna que pueda traer infelicidad. En el cielo no puede haber ni siquiera amenaza o temor de estas cosas.

¿CONOCEREMOS ACASO A NUESTROS FAMILIARES Y AMIGOS EN EL CIELO?

De cierto conoceremos a nuestros familiares y amigos en el cielo, y con ellos nos regocijaremos en Dios.

¿PUEDE SER LA VIDA EN EL CIELO UNA VIDA DE ABURRIMIENTO Y FASTIDIO?

La vida en el cielo nunca puede ser una vida de aburrimiento o de fastidio porque siempre estaremos descubriendo nuevas y maravillosas cosas acerca de Dios.

¿DE QUÉ COMPAÑIA GOZARAN LOS "BIENAVEN-TURADOS" EN EL CIELO?

Los "Bienaventurados" en el cielo gozarán de la compañía de Jesús, su Salvador, y de la de su Madre, así como también de la compañía de los ángeles y de los santos, y de sus parientes y amigos.

¿TENDRAN TODOS EL MISMO GRADO DE FELICIDAD EN EL CIELO?

Aunque todos no tendrán el mismo grado de felicidad en el cielo, todos serán perfectamente felices.

¿QUIÉNES TENDRAN MAYOR FELICIDAD EN EL CIELO?

Tendrán mayor felicidad en el cielo aquellos que amaron a Dios más desinteresadamente en la tierra.

¿QUÉ ES EL PURGATORIO?

El purgatorio es la condición o estado de sufrimiento después de la muerte por medio del cual satisfacen las almas por sus pecados antes de poder entrar en el cielo.

¿QUIÉNES IRAN AL PURGATORIO?

Irán al purgatorio los que murieron sin arrepentimiento por sus pecados veniales o los que no satisficieron suficientemente por las penas temporales debidas por sus pecados.

¿CUÁNTO TIEMPO DURARA EL PURGATORIO?

El purgatorio durará hasta el día del juicio final o general. Las almas detenidas en el pugatorio permanecerán allí solamente hasta que quede pagada su deuda de justicia debida a Dios por sus pecados.

Los Sacramentos— Acciones de Jesús

"Los sacramentos del Nuevo Testamento, instituídos por Cristo Nuestro Señor y encomendados a la Iglesia, en cuanto que son acciones de Cristo y de la Iglesia, son signos y medios con los que se expresa y fortalece la fe, se rinde culto a Dios y se realiza la santificación de los hombres, y por tanto contribuyen en gran medida a crear, corroborar y manifestar la comunión eclesiástica; por esta razón, tanto los sagrados ministros como demás fieles deben comportarse con grandísima veneración y con la debida diligencia al celebrarlos" (Canon 840).

¿CÓMO PODEMOS CRECER EN GRACIA, VIRTUD Y EN LOS SIETE DONES DEL ESPIRITU SANTO?

Podemos crecer en gracia, virtud y en la posesión de los siete Dones del Espíritu Santo por recibir los sacramentos, por rezar y por hacer obras buenas.

¿QUÉ SON LOS SACRAMENTOS?

Los sacramentos son signos sagrados por medio de los cuales Jesús nos da Su Espíritu y nos hace santos y agradables a Dios por medio de la gracia.

¿QUÉ ES UN "SIGNO" SACRAMENTAL?

Un signo sacramental es aquello que podemos ver, oír, etc., es decir, percibir con los sentidos, y que estamos por recibir. En cada uno de los sacramentos las palabras forman parte del signo sacramental.

¿QUÉ QUIERE DECIR "SANTO"?

Santo quiere decir "como Dios," "semejante a Dios," o "con relación a Dios." Puede significar también "puesto aparte," "separado." La santidad de Dios es la grandeza, excelencia, y bondad que le ponen por encima de todas Sus criaturas.

Por medio de la gracia de los sacramentos Jesús hace santo a Su pueblo. Por la recepción de algunos de los sacramentos Jesús también perdona los pecados, y por la recepción de cada uno de los sacramentos nos da el auxilio para evitar el pecado.

¿PODEMOS ESTAR SEGUROS DE RECIBIR LA GRACIA AL RECIBIR LOS SACRAMENTOS?

Jesús siempre da la gracia por medio de los sacramentos, con tal de que los recibamos cumpliendo las condiciones indicadas (estando libres de pecado mortal antes de recibir la Santa Comunión, y otras condiciones). La medida según la cual el sacramento y su gracia nos enriquecerán depende de nuestra propia actitud y disposición, por ejemplo: el grado de fe y amor que tengamos.

¿CUÁNTOS SON LOS SACRAMENTOS?

Los sacramentos son siete.

¿CUÁLES SON LOS SIETE SACRAMENTOS?

Los siete sacramentos son: Bautismo, Confirmación, Sagrada Eucaristía, Penitencia, Unción de los Enfermos, Orden Sacerdotal, y Matrimonio.

¿QUIÉN NOS DIO LOS SACRAMENTOS?

Jesús nos dio los sacramentos y continúa dándonoslos a través de la Iglesia Católica.

Respecto a algunos de los sacramentos, sabemos de la Sagrada Escritura que Jesús los instituyó. La Tradición nos enseña que Él instituyó los siete sacramentos, es decir: todos.

¿PUEDEN SER LOS SACRAMENTOS DIVIDIDOS EN GRUPOS?

Los sacramentos pueden ser divididos en tres grupos:

Bautismo, Confirmación y Eucaristía son sacramentos de *iniciación,* o comienzo en la vida cristiana.

Penitencia y Unción de los Enfermos son sacramentos de *reconciliación,* o sacramentos que traen la paz.

Orden Sacerdotal y Matrimonio son sacramentos de *vocación,* o llamamiento a un estado particular de vida.

¿PODEMOS HABLAR TAMBIEN DE LA IGLESIA COMO DE UN "SACRAMENTO"?

Podemos efectivamente hablar de la Iglesia como "sacramento" porque ella es el "gran sacramento" por medio del cual recibimos los siete sacramentos. La Iglesia es la señal, el signo, de que hay un Dios, y de que El cuida amorosamente de nuestro mundo. Los sacramentos, asimismo, son signos y señales del cuidado amoroso de Dios por los hombres.

BAUTISMO

"El Bautismo, puerta de los sacramentos, cuya recepción de hecho o al menos de deseo es necesaria para la salvación, por el cual los hombres son liberados de los pecados, re-engendrados como hijos de Dios e incorporados a la Iglesia, quedando configurados con Cristo por el carácter indeleble, se confiere válidamente sólo mediante la ablución con agua verdadera acompañada de la debida forma verbal" (Canon 849).

¿QUÉ ES BAUTISMO?

Bautismo es el sacramento por el cual Jesús envía Su Espíritu, que nos libra del pecado y nos da la gracia por la que nos convertimos en hijos de Dios, herederos del reino de los cielos, miembros de la Iglesia Católica, y templos de la Santísima Trinidad.

¿DE QUÉ PECADOS NOS LIBRA JESUS EN EL SACRAMENTO DEL BAUTISMO?

En el Bautismo Jesús nos libra del pecado original y de todos los pecados personales que hayamos cometido antes de ser bautizados.

"Bendito sea Dios, Padre de Nuestro Señor Jesucristo, porque según su mucha misericordia nos engendró nuevamente para una esperanza viva" (1 Pe 1,3).

¿QUÉ BIENES RECIBIMOS EN EL BAUTISMO?

En el Bautismo recibimos la gracia santificante, las virtudes teologales y los Dones del Espíritu Santo. Recibimos asimismo un sello espiritual que es permanente y que se llama carácter, que nos designa como perteneciendo a Jesucristo. Esto es el carácter o sello del cristiano. Un cristiano ha de ser un fiel seguidor de Jesucristo.

"Ved cuanto amor nos ha manifestado el Padre, al ser llamados hijos de Dios; y sí lo somos" (1 Jn 3,1).

¿QUÉ CONSTITUYE EL SIGNO DEL BAUTISMO?

Los signos del Bautismo son el agua y las palabras.

¿QUÉ SIGNIFICAN EL AGUA Y LAS PALABRAS?

El agua representa el borrar el pecado y el dar una vida nueva llamada la gracia. Las palabras muestran que la persona sobre quien son pronunciadas se inicia en una relación nueva y permanente con el Dios Trino: Padre, Hijo y Espíritu Santo.

¿ES NECESARIO EL BAUTISMO?

El Bautismo es necesario porque borra el pecado original que toda persona hereda como descendiente de Adán y Eva. El pecado original tiene que ser borrado del alma antes de que podamos entrar en el cielo. Además, el Bautismo nos da la vida de la gracia, nos hace hijos adoptivos de Dios y nos incorpora a Cristo y a Su Iglesia; es decir, nos hacemos miembros del Cuerpo Místico de Cristo, la Iglesia Católica.

"Que cada uno de vosotros se arrepienta y se bautice en el nombre de Jesucristo, para que se le perdonen los pecados" (Heb 2,38).

PUESTO QUE EL BAUTISMO ES NECESARIO PARA IR AL CIELO, ¿QUÉ SUCEDERIA A AQUELLOS QUE, SIN CULPA SUYA NO LO RECIBAN? ¿PUEDAN SER SALVADOS?

Aquellos que, sin culpa propia, no recibieron el sacramento del Bautismo pueden ser salvados por medio de lo que se llama el Bautismo de sangre o de deseo.

¿QUÉ ES EL BAUTISMO DE SANGRE?

El Bautismo de sangre es la recepción de la gracia por una persona no bautizada porque ésta entregó su vida por amor a Cristo o por una virtud cristiana.

¿QUÉ ES EL BAUTISMO DE DESEO?

El Bautismo de deseo es la recepción de la gracia en razón de un acto de amor perfecto a Dios o de un acto de contrición perfecto por los pecados cometidos, junto al deseo de cumplir la voluntad de Dios. En otras palabras, si la persona hubiera conocido el significado del Bautismo y hubiera podido recibirlo, ya lo habría recibido.

¿POR QUÉ BAUTIZA LA IGLESIA A LOS NIÑOS?

La Iglesia bautiza a los niños para que renazcan a la vida divina de la gracia en Cristo Jesús, y para que se hagan herederos del cielo.

¿HAY ALGUN PELIGRO AL POSPONER EL BAUTISMO DE LOS NINOS POR LARGO TIEMPO?

Los niños deben ser bautizados a pocas semanas de nacer. Los padres católicos que demoran por largo tiempo, o descuidan completamente del Bautismo de sus niños, pueden ponerlos en peligro de perder para siempre la visión de Dios.

"Los padres tienen obligación de hacer que los hijos sean bautizados en las primeras semanas; cuanto antes después del nacimiento, e incluso antes de él, acudan al párroco para pedir el sacramento para su hijo y prepararse debidamente" (Canon 867, 1).

¿CÓMO SE ADMINISTRA EL BAUTISMO?

El Bautismo se administra al derramar agua natural sobre la frente del niño o del adulto, pronunciando a la vez las palabras necesarias, que son: "Yo te bautizo en el nombre del Padre, y del Hijo, y del Espíritu Santo." (Se puede administrar el Bautismo también por inmersión.) Cuando se administra el Bautismo en la Iglesia, hay muchas partes del rito que hacen la ceremonia muy bella. Pero, la parte de la ceremonia que es absolutamente necesaria es pronunciar las palabras al mismo tiempo que el agua se derrama sobre la frente del que está siendo bautizado.

¿DEBE SER BAUTIZADO UN NIÑO SIN EL PERMISO DE SUS PADRES O DE SU GUARDIAN?

Un niño no debe ser bautizado sin el permiso de sus padres o guardián, a no ser que haya peligro de muerte. Cae a los padres o al guardián del niño dar una educación cristiana al niño bautizado.

¿QUÉ SUCEDE A LOS NIÑOS QUE MUEREN SIN BAUTISMO?

Porque los niños que mueren sin haber sido bautizados no cometieron pecado alguno, muchos teólogos son de la opinión que ellos vivirán en un lugar de felicidad natural, que se llama "Limbo."

¿QUIÉN PUEDE RECIBIR EL BAUTISMO?

Toda persona no bautizada puede recibir el Bautismo. Si la persona ha llegado a su mayoría de edad y tiene uso de razón—capacidad de conocer y entender— él o ella debe pedir el sacramento libre y voluntariamente, tener fe y dolor del pecado con intención de evitar todo pecado en el futuro.

¿PODEMOS SER BAUTIZADOS MAS DE UNA VEZ?

No podemos ser bautizados más de una sola vez por causa del sello o marca espiritual, la que es indeleble o imborrable, que recibimos por el Bautismo.

¿QUIÉN PUEDE ADMINISTRAR EL SACRAMENTO DEL BAUTISMO?

El obispo, sacerdote o diácono son los ministros ordinarios del Bautismo, pero en peligro de muerte cualquier persona puede y, a veces, debe administrarlo. Nadie, sin embargo, puede bautizarse a sí mismo.

EN CASO DE EMERGENCIA, ¿TIENE QUE SER CATOLICA LA PERSONA QUE BAUTIZA?

En caso de emergencia la persona que bautiza puede ser cualquier persona—hombre, mujer o niño, católico o no-católico, ateo o pagano—con tal de que administre el sacramento debidamente y con la intención de "hacer lo que hace la Iglesia."

¿CÓMO SE ADMINISTRA EL BAUTISMO EN CASO DE EMERGENCIA?

En caso de emergencia, se administra el Bautismo por derramar agua natural tres veces sobre la frente de la persona, diciendo mientras se derrama el agua: "Yo te bautizo en el nombre del Padre, y del Hijo, y del Espíritu Santo." Deben decirse las palabras al mismo tiempo que se derrama el agua.

¿TIENE LA MISMA VALIDEZ EL BAUTISMO ADMINISTRADO POR UNA PERSONA LAICA QUE EL BAUTISMO ADMINISTRADO POR UN SACERDOTE?

Sí. Cuando una persona laica administra debidamente el Bautismo es tan válido como el Bautismo conferido por un sacerdote.

¿QUÉ ES EL BAUTISMO BAJO CONDICION?

El Bautismo bajo condición, o Bautismo condicional, es el Bautismo administrado bajo la condición de que pueda ser recibido (usando tales palabras como "si no estás bautizado, yo te bautizo...etc.," o "Si estás vivo, yo te bautizo....").

¿QUÉ SON LOS CATECUMENOS?

Los catecúmenos son las personas que no han recibido el Bautismo y que están recibiendo instrucciones para ser católicos.

¿QUÉ ENTENDEMOS POR CARACTER SACRAMENTAL DEL BAUTISMO?

El carácter sacramental del Bautismo es la marca espiritual y perdurable que distingue a una persona como cristiana por toda la vida. Los otros sacramentos que imprimen la marca o sello permanente son la Confirmación y el Orden Sacerdotal.

¿QUÉ ES LA VESTIDURA DE BAUTISMO?

La vestidura de Bautismo es la vestidura blanca que se da al nuevamente bautizado como símbolo de la gracia y de la inocencia.

¿QUÉ ES EL AGUA BAUTISMAL?

El agua bautismal es aquella agua bendecida especialmente para ser utilizada en el Bautismo, pero en caso de emergencia se puede utilizar cualquier agua natural.

¿QUÉ ES EL BAUTISTERIO?

El bautisterio es la parte de la iglesia (o un edificio separado) en que se administra el sacramento del Bautismo.

¿QUÉ ES EL CRISMA?

El crisma es la mezcla bendita de aceite de olivo y bálsamo, que se usa durante la ceremonia de Bautismo, en la Confirmación, durante la ordenación de obispos y sacerdotes, y en la consagración de iglesias, altares, etc.

¿QUÉ SON LAS PROMESAS BAUTISMALES?

Las promesas bautismales son aquellas por las cuales se renuncia al demonio, a sus seducciones o tentaciones, y se profesa fe en las enseñanzas de Cristo y de Su Iglesia.

¿TIENEN QUE SER BAUTIZADOS OTRA VEZ LOS QUE SE CONVIERTEN A LA IGLESIA CATOLICA?

Los cristianos que se convierten a la Fe Católica no tienen que ser bautizados otra vez si su primer Bautismo fue válido; esto es, si fue administrado con agua (que se derramó sobre la frente), junto con la forma del Bautismo, y conferido con intención de hacer lo que hace la Iglesia.

¿QUÉ ES EL PADRINO DE BAUTISMO?

El padrino actúa como representante de la comunidad de fe. Para el Bautismo ordinariamente debe haber al menos un padrino. La función del padrino..."es asistir en la iniciación cristiana del adulto que se bautiza, y, juntamente con los padres, presentar al niño que va a recibir el bautismo y procurar que después lleve una vida cristiana" (Canon 872).

¿CUÁLES SON LOS DEBERES DE LOS PADRINOS?

Los padrinos tienen el deber de dar la seguridad de que el niño va recibir una buena educación católica en caso de que los padres falten o descuiden de su obligación cristiana. Los padrinos mismos deben ser buenos católicos.

¿PUEDE UN ADULTO SER ADMITIDO AL BAUTISMO SIN TENER PADRINOS?

Un adulto no puede ser admitido al Bautismo sin tener al menos un padrino. Esta es la costumbre y tradición muy antigua de la Iglesia Católica. El padrino ayuda a la persona a prepararse para recibir el Bautismo y, después, le ayuda a perseverar en la Fe y en su vida cristiana.

¿QUÉ REQUIERE LA IGLESIA PARA QUE UNA PERSONA SEA ADMITIDA COMO PADRINO O MADRINA?

Para ser padrino o madrina la Iglesia requiere que la persona tenga la madurez necesaria para tomar tal responsabilidad; que el padrino o la madrina sea miembro de la Iglesia Católica y que haya recibido ya los sacramentos de Bautismo, Confirmación y Eucaristía.

¿PUEDE UN NO-CATOLICO SER PADRINO O MADRINA?

Si el no-católico es un cristiano bautizado y miembro creyente de una Iglesia separada, puede actuar como testigo cristiano juntamente con el padrino o madrina católico si así lo piden los padres del niño (deben seguirse las normas dadas para diversos casos ecuménicos).

¿QUÉ HACE EL PADRINO AL TIEMPO DEL BAUTISMO?

El padrino da testimonio de la fe del que va a ser bautizado, o en el caso de un niño, el padrino juntamente con los padres del niño, hace la profesión de fe.

¿QUÉ ENTENDEMOS POR LA EXPRESION "NOMBRE CRISTIANO"?

Por la expresión "nombre cristiano" entendemos el nombre dado en el Bautismo. No se debe imponer un nombre ajeno al sentir cristiano.

¿POR QUÉ SE DA EL NOMBRE DE UN SANTO EN EL BAUTISMO?

Se da el nombre de un santo en el Bautismo para que el nuevo cristiano tenga un protector en el cielo y pueda imitar sus virtudes e implorar su intercesión.

¿QUÉ SIGNIFICA LA PALABRA "CRISTIANAR"?

La palabra cristianar es otra palabra por el Bautismo.

¿QUÉ VIRTUDES RECIBIMOS EN EL BAUTISMO?

En el Bautismo recibimos las virtudes teologales y las virtudes cardinales.

LA SANTA EUCARISTIA

"El sacramento más augusto, en el que se contiene, se ofrece y se recibe al mismo Cristo Nuestro Señor, es la santísima Eucaristía, por la que la Iglesia vive y crece continuamente. El Sacrificio eucarístico, memorial de la muerte y resurrección del Señor, en el cual se perpetúa a lo largo de los siglos el Sacrificio de la cruz, es la culminación y la fuente de todo el culto y de toda vida cristiana, por el que se significa y realiza la unidad del pueblo de Dios, y se lleva a término la edificación del cuerpo de Cristo. Así pues los demás sacramentos y todas las obras eclesiásticas de apostolado se unen estrechamente a la santísima Eucaristía y a ella se ordenan" (Canon 897).

¿CÓMO ESTA JESUS PRESENTE ENTRE NOSOTROS?

Jesús está presente entre nosotros en Su Iglesia, en Su Palabra, en los siete sacramentos, en la comunidad cristiana, en los pobres y en los necesitados y de muchas otras maneras, pero especialmente está presente entre nosotros en la Sagrada Eucaristía.

¿QUÉ ES LA SAGRADA EUCARISTIA?

La Sagrada Eucaristía es un sacramento, un sacrificio y la presencia permanente de Jesús mismo, Dios y Hombre verdadero.El está verdadera y completamente presente bajo las apariencias de pan y vino, a fin de asemejarnos más a Sí mismo y unirnos los unos con los otros.

"Jesús dijo: 'Yo soy el pan de vida; el que a mí acuda, jamás tendrá hambre; y el que en mí crea, nunca tendrá sed' " (Jn 6,35).

¿POR QUÉ NOS DIO JESUS LA SAGRADA EUCARISTIA?

Jesus nos dio la Sagrada Eucaristía porque quería estar cerca de sus seguidores y discípulos hasta el fin de los tiempos, enseñándonos, confortándonos, fortaleciéndonos, y convirtiéndonos en santos.

Jesús dijo:

"Yo soy el pan de vida; el que a mí acuda, jamás tendrá hambre; y el que en mí crea, nunca tendrá sed" (Jn 6,35).

¿CÓMO SE DIFERENCIA LA SAGRADA EUCARISTIA DE LOS DEMAS SACRAMENTOS?

La Sagrada Eucaristía se diferencia de los demás sacramentos porque bajo las apariencias de pan y vino Jesús está totalmente presente como Dios y como Hombre. En los demás sacramentos, Jesús está presente solamente por Su poder y los efectos del mismo. Jesús dijo así:

"Yo soy el pan vivo que ha bajado del cielo, el que come de este pan vivirá eternamente" (Jn 6,35;51).

¿ES IMPORTANTE LA SAGRADA EUCARISTIA?

La Sagrada Eucaristía es "de máxima importancia para realizar la unidad y robustecimiento de la Iglesia" (Enseñanzas Básicas n. 12).

¿QUÉ SIGNIFICA *CORPUS CHRISTI?*

Corpus Christi son dos palabras latinas que significan el Cuerpo de Cristo; es también el día señalado por la Iglesia para ofrecer de una manera especial alabanza y agradecimiento a la Sagrada Eucaristía; se celebra (en los Estados Unidos) el segundo Domingo después de Pentecostés.

¿QUÉ NOS DICEN LAS PALABRAS DE LA CONSAGRACION?

Las palabras de la consagración de la Santa Misa— "Esto es mi Cuerpo que será entregado por vosotros"..."Este es el cáliz de mi Sangre...que será derramada por vosotros..." nos dicen que la Sagrada Eucaristía es el Cuerpo y la Sangre de Jesús, y que Cristo se ofrece a Si mismo en sacrificio.

¿QUÉ ES TRANSUBSTANCIACION?

Transubstanciación es la conversión de la substancia completa y entera del pan y del vino en el Cuerpo y en la Sangre de Cristo. Esta conversión se efectúa en la Santa Misa cuando el sacerdote dice las palabras de la consagración.

¿QUÉ ES LA MISA O CELEBRACION EUCARISTICA?

La Misa o celebración eucarística es:
—el sacrificio de la cruz que se representa hoy sobre nuestros altares;
—el memorial de la muerte, resurrección y ascensión de Jesús;
—el banquete sagrado en el que recibimos el alimento que es el mismo Jesús, Señor Nuestro.

¿CUÁLES SON LOS OTROS NOMBRES QUE DAMOS A LA SANTA MISA?

Otros nombres que damos a la Misa son éstos: "Liturgia," "Celebración eucarística," y "sacrificio eucarístico." Liturgia quiere decir "Servicio."

¿QUÉ SIGNIFICA LA PALABRA "EUCARISTÍA"?

La palabra eucaristía, la que empleamos para designar a Cristo completamente presente bajo las apariencias de pan y vino, significa "'acción de gracias."

¿CUÁNDO FUE CELEBRADA LA MISA POR PRIMERA VEZ?

La primera Misa fue celebrada por Jesús mismo en la Ultima Cena, el Jueves Santo, la noche antes de Su muerte.

"Y tomando un pan, después de dar gracias lo partió y se lo dio a los apóstoles, diciéndoles: 'Este es mi cuerpo que será entregado en bien de vosotros; haced esto para que os acordéis de mi.' De la misma manera hizo con el cáliz, después de haber cenado, diciéndoles: 'Este es el cáliz del Nuevo Testamento en mi sangre, la cual será derramada en bien de vosotros'" (Lc 22,19-20).

¿QUIÉNES ESTUVIERON PRESENTES EN LA PRIMERA CELEBRACION EUCARISTICA?

Los Apóstoles estuvieron presentes en la primera Celebración eucarística.

"Cuando llegó la hora se puso a la mesa en compañía de los apóstoles" (Lc 22,14). (Vea también Mc 14,17).

¿POR QUE RENUEVA CRISTO SU SACRIFICIO EN EL TIEMPO PRESENTE?

Cristo renueva Su sacrificio por nosotros y por todo el mundo, para que del mejor modo que sea posible, esto es, por El, con El y en El, podamos adorar y dar gracias al Padre, pedirle perdón e implorarle Su ayuda. San Pablo escribió así:

"Yo recibí del Señor esta enseñanza que a mi vez, os he transmitido: que la noche en que iba a ser entregado el Señor Jesús tomó un pan, y después de dar gracias lo partió y dijo: 'Este es mi Cuerpo, el que será entregado por vosotros; haced esto en memoria mía.' De la misma manera, después de cenar tomó el cáliz, diciendo: 'Este cáliz es el Nuevo Testamento en mi sangre; haced esto en memoria mía, siempre que lo bebáis' " (1 Cor 11,23-25).

¿CÓMO RENUEVA CRISTO EL SACRIFICIO DE LA CRUZ?

Cristo renueva el sacrificio de la cruz en la Santa Misa, de un modo incruento y por nuestro bien.

"Porque vive para siempre para interceder por ellos" (Heb 7,25).

¿QUÉ ENTENDEMOS POR EL SACRIFICIO DEL CALVARIO?

El Sacrificio del Calvario fue la muerte que padeció Jesús en la cruz por causa de nuestros pecados; este mismo Sacrificio se renueva en cada Celebración eucarística.

"Con cuanta mayor razón la sangre de Cristo, quien se ofreció a Dios en sacrificio por impulso del Espíritu eterno..." (Heb 9,14).

¿POR QUÉ EN CADA CELEBRACION EUCARISTICA SE LLAMA JESUS EL CORDERO DE DIOS?

Se llama a Jesús el Cordero de Dios, porque fue inmolado como el cordero pascual del Antiguo Testamento, y Su Misterio Pascual nos salvó de la esclavitud del pecado. Dice San Pablo:

"Pues Cristo, nuestro Cordero pascual, ha sido inmolado" (1 Cor 5,7). (Vea también Is 53,7; Jn 1,36; Ap 5,12.)

¿CUÁLES SON LOS FINES PRINCIPALES DE LA MISA?

Los fines principales de la Misa son:
—adorar y alabar a Dios
—dar gracias a Dios
—pedirle perdón y satisfacer (compensar) por el pecado
—pedirle Su ayuda para nosotros mismos y para los demás.

¿POR QUÉ ESTÁ JESUS PRESENTE EN LA MISA BAJO LAS APARIENCIAS DE PAN Y VINO?

Jesús está presente en la Misa bajo las apariencias de pan y vino para animarnos a recibirle como el alimento espiritual que necesitamos para llevar una vida verdaderamente cristiana.

"...Así es que el que come indignamente del pan o bebe del cáliz del Señor, es culpable contra el cuerpo y la sangre del Señor" (1 Cor 11,27).

¿POR QUÉ SE CONTINUA CELEBRANDO LA MISA O EL SACRIFICIO EUCARISTICO?

La Misa o Sacrificio eucarístico "se celebra en obediencia a las palabras de Jesús en la Ultima Cena: 'Haced esto en memoria mia' " (Enseñanzas Básicas, n. 12).

¿QUIÉN ES EL CELEBRANTE DE LA MISA?

Celebrante es un título que se emplea para designar al sacerdote que ofrece o celebra el Sacrificio eucarístico.

¿QUÉ SON LAS ORACIONES PRESIDENCIALES DE LA MISA?

Las oraciones presidenciales de la Celebración eucarística son aquellas que sólo el sacerdote puede decir, por ejemplo: la Plegaria eucarística (el Canon).

¿CUÁLES SON LOS FRUTOS QUE RECIBIMOS CUANDO PARTICIPAMOS EN LA MISA CON ATENCION Y DEVOCION?

Los que participan en la Misa con atención y devoción pueden:
— evitar tentaciones y pecado
— hallar paz interior y espiritual
— aumentar su amor a Dios
— obtener protección contra todo peligro
— ganar toda ayuda divina
— cortar el tiempo en el Purgatorio de los miembros difuntos de su propia familia o de amigos.

¿POR QUÉ ES TAN EFICAZ LA SANTA MISA?

La Santa Misa es eficaz porque en ella Jesús mismo intercede al Padre por nosotros mismos y por nuestras intenciones.

RESPECTO A LA IMPORTANCIA DE LA MISA ¿QUÉ OBLIGACIONES NOS IMPONE LA IGLESIA?

Respecto a la importancia de la Misa la Iglesia nos impone la obligación de asistir a Misa todos los domingos y días de precepto. (Vea la lista de los días de precepto en los Estados Unidos en pág. 191.)

¿PUEDE UN CATOLICO POR CUALQUIER MOTIVO DEJAR DE ASISTIR A MISA?

Ningún católico, a no ser por la excusa de un motivo serio, debe dejar de asistir a Misa. Aun las personas que no pueden recibir los sacramentos (por ejemplo, los que se han divorciado y contraído matrimonio fuera de la Iglesia) deben asistir a Misa para así pedir a Dios Su misericordia y ayuda.

LAS PARTES DE LA MISA

¿QUÉ ES EL RITO DE ENTRADA DE LA MISA?

El Rito de Entrada de la Misa es aquella parte de la Celebración eucarística que comprende el Canto de Entrada, el Saludo al pueblo, el Acto penitencial o Rito de bendición y aspersión con agua bendita, "Señor, ten piedad de nosotros," "Gloria a Dios en los cielos," y Oración. El Rito de Entrada prepara a la comunidad de los fieles para escuchar la Palabra de Dios y para participar en la Eucaristía.

¿QUÉ ES EL ACTO PENITENCIAL DE LA MISA?

El Acto Penitencial de la Misa es aquella parte del Rito de Entrada en que reconocemos nuestros pecados y pedimos a Dios que tenga misericordia de nosotros. Este Acto puede servir para la remisión de los pecados veniales, pero *no* de los pecados mortales. Debemos confesar cada pecado grave en el sacramento de la Penitencia o Confesión.

¿QUÉ ES EL ACTO DE BENDICION Y ASPERSION CON AGUA BENDITA EN LA MISA?

El Acto de la bendición y aspersión con agua bendita se puede utilizar en la Misa en vez del Acto penitencial. Sirve para recordarnos nuestro Bautismo.

¿QUÉ ES LA LITURGIA DE LA PALABRA?

La Liturgia de la Palabra es aquella parte de la Misa que comprende las lecturas de la Sagrada Escritura, Salmo responsorial, Aleluya, o Aclamación del Evangelio, Homilía, Profesión de fe, y Oración de los fieles o Intercesiones generales.

¿QUÉ ES EL SALMO RESPONSORIAL?

El Salmo responsorial es un salmo tomado de la Sagrada Escritura y recitado por la comunidad de los fieles después de la primera lectura de la Liturgia de la Palabra.

¿QUÉ ES LA HOMILIA?

La Homilía es la parte de la Misa en que el sacerdote explica la Palabra de Dios que acaba de ser proclamada.

¿QUÉ ES LA PROFESION DE FE QUE SE PROCLAMA EN LA MISA?

La Profesión de fe o Credo es recitada por los fieles a fin de expresar su fe en las verdades fundamentales de nuestra Fe Católica y en la Palabra de Dios que acaba de ser proclamada en las lecturas de la Misa.

¿QUÉ ES LA ORACION DE LOS FIELES O INTERCESIONES GENERALES?

La Oración de los fieles o Intercesiones generales es la oración especial en la que los fieles actúan como pueblo sacerdotal e interceden o imploran la ayuda de Dios por todas las necesidades de la Iglesia y del mundo.

¿QUÉ ES LA LITURGIA EUCARISTICA?

La Liturgia eucarística es la parte más importante de la Misa; sigue a la Liturgia de la Palabra. Dentro de la Liturgia eucarística nuestros dones de pan y vino se convierten en el Cuerpo y la Sangre de Jesús, que se ofrece a Si Mismo como sacrificio a Dios. En la Comunión recibimos a Jesús como signo de nuestra unión con Cristo y con nuestros hermanos.

¿QUÉ ES LA PREPARACION DEL ALTAR Y DE LOS DONES?

La preparación del altar y de los dones es la parte de la Misa en que los dones de pan y vino son llevados al altar; se prepara el altar y el sacerdote se lava las manos y reza para quedar limpio de todo pecado.

¿QUÉ ES EL PREFACIO DE LA MISA?

El Prefacio de la Misa es la oración de alabanza y acción de gracias a Dios Padre por la obra de salvación o por algún aspecto especial de su amor salvífico; es, también, parte de la Plegaria eucarística.

¿QUÉ ES LA ACLAMACIÓN DEL PREFACIO?

La Aclamación del Prefacio o el "Santo, Santo, Santo" es un cántico de maravilla y admiración en el que el sacerdote y los fieles unen sus voces al himno de los ángeles en alabanza a Dios.

¿QUÉ ES LA PLEGARIA EUCARISTICA?

La Plegaria eucarística es un himno de acción de gracias a Dios por la obra de la salvación. Dentro de esta gran oración el pan y el vino son convertidos en el Cuerpo y en la Sangre de Jesucristo

¿QUÉ ES LA CONSAGRACION DE LA MISA?

La Consagración de la Misa es la parte más sagrada del Sacrificio eucarístico en que por virtud de las palabras del sacerdote: "Esto es mi Cuerpo"; "Este es el Cáliz de mi Sangre," el pan y el vino son convertidos en el Cuerpo y en la Sangre de Cristo.

¿QUÉ ES LA ACLAMACION DE LA PLEGARIA EUCA-RISTICA?

La Aclamación de la Plegaria eucarística es la parte de la Plegaria en que el sacerdote dice: "Este es el Sacramento de nuestra fe," y todos respondemos: "Anunciamos tu muerte, proclamamos tu resurrección. Ven, Señor Jesús!" (o alguna otra aclamación semejante).

¿QUÉ ES LA DOXOLOGIA FINAL?

La Doxología final de la Plegaria eucarística es el tributo de alabanza que rendimos al Dios Uno y Trino, y que proclamamos por Cristo, con El y en El. Después de la doxología al fin de la Plegaria Eucarística, comienza el Rito de Comunión.

¿QUÉ ES EL RITO DE COMUNION?

El Rito de Comunión es la parte de la Liturgia eucarística que comprende la Oración Dominical (el Padre Nuestro), el Rito de la Paz, la Fracción del Pan, el Cordero de Dios, la Comunión del sacerdote y de los fieles, y la Oración después de la Comunión.

¿QUÉ ES EL RITO DE LA PAZ?

El Rito de la Paz es una expresión de amor y de paz que los miembros de la comunidad intercambian en la Misa antes de participar en la recepción del Cuerpo y Sangre de Jesús.

¿QUÉ ENTENDEMOS POR LA PARTE DE LA MISA QUE SE LLAMA LA FRACCION DEL PAN?

La Fracción del Pan es la parte del Rito de Comunión en que el sacerdote quiebra la Sagrada Hostia como signo de que en la Comunión todos somos uno en el Cuerpo y en la Sangre de Cristo.

¿QUÉ ES LA SANTA COMUNION?

La Santa Comunión es verdaderamente Jesús Sacramentado, a quien recibimos en la Misa.

¿QUÉ ENTENDEMOS POR EL RITO DE CONCLUSION DE LA MISA?

El Rito de conclusión de la Misa es la bendición del sacerdote y la despedida de los fieles, invitándoles a hacer obras buenas y a alabar a Dios.

LA RECEPCION DE LA SAGRADA EUCARISTIA

¿POR QUÉ VIENE JESUS A NOSOTROS EN LA SAGRADA EUCARISTIA?

Jesús viene a nuestras almas en la Sagrada Eucaristía para darnos nuevas energías espirituales de tal modo que podamos continuar viviendo una nueva vida cristiana.

¿NECESITAMOS LA AYUDA DE LA SAGRADA EUCARISTIA?

Necesitamos la ayuda de la Eucaristía de un modo muy especial. Las tentaciones y dificultades de la vida pueden "agotar" las fuerzas de nuestro espíritu. La Santa Comunión nos fortalece para que podamos seguir adelante con nueva fuerza y valor. Al recibir la Eucaristía aumentamos también en el amor que tenemos por nuestro prójimo y por el pueblo de Dios. La Eucaristía nos une más estrechamente a toda la Iglesia. Jesús nos habló así:

"En verdad, en verdad os digo: si no coméis la carne del Hijo del hombre y bebéis su sangre, no tendréis vida en vosotros. El que come mi carne y bebe mi sangre tiene vida eterna.... Este es el pan que ha bajado del cielo. El que coma este pan vivirá eternamente" (Jn 6,53-58).

¿QUÉ DEBEMOS HACER PARA RECIBIR DIGNAMENTE LA SAGRADA EUCARISTIA?

Para recibir la Sagrada Eucaristía con las debidas disposiciones, debemos:

—Creer que Jesús está real y verdaderamente presente en la Sagrada Eucaristía;
—estar libre de pecado grave;
—ayunar antes de comulgar.

¿POR CUÁNTO TIEMPO DEBEMOS AYUNAR ANTES DE RECIBIR LA SANTA COMUNION?

La Iglesia requiere que nos mantengamos en ayuno por una hora de toda clase de alimento sólido y de líquidos, ya sea que contengan alcohol o no. (Excepto el agua, que se puede tomar en cualquier momento y también las medicinas).

¿HAY ALGUNAS EXCEPCIONES DEL AYUNO EUCARISTICO?

"Las personas de edad avanzada o enfermas, y asimismo quienes las cuidan, pueden recibir la santísima Eucaristía aunque hayan tomado algo en la hora inmediatamente anterior" (Canon 919, 3). Personas de edad avanzada o enfermas, aunque no estén recluídas en la cama o en un asilo para ancianos o enfermos, no necesitan ayunar. La misma regla es válida para las personas que las cuidan, así como también para sus familias y amistades que quieran recibir la Santa Comunión con ellas y no pueden observar el ayuno de una hora sin inconvenientes.

¿CÓMO DEBE UNA PERSONA RECIBIR LA SAGRADA EUCARISTIA?

Los fieles deben recibir la Sagrada Eucaristía con fe, reverencia y amor. Mostramos nuestra fe al responder "Amén" después de que el sacerdote, diácono o ministro extraordinario de la Eucaristía ha dicho, "El Cuerpo de Cristo." Mostramos nuestra reverencia cuando recibimos la Santa Comunión de un modo respetuoso.

Mostramos nuestro amor al conversar en silencio con Jesús después de haberle comulgado y al ser portadores de Su amor por nuestras acciones diarias.

¿CUÁLES SON LOS DERECHOS Y PRIVILEGIOS DE LOS QUE HAN HECHO SU PRIMERA COMUNION?

Los católicos que han hecho su Primera Comunión se han convertido en miembros activos de la comunidad de los fieles. Deben recibir la Santa Comunión con frecuencia—aun diariamente—siempre que estén en estado de gracia.

¿CUÁLES SON LAS OBLIGACIONES Y RESPONSABILIDADES DE LOS FIELES QUE HAN HECHO SU PRIMERA COMUNION?

Los católicos que han hecho su Primera Comunión deben participar en la Misa cada domingo (o sábado por la noche) y recibir la Santa Comunión por lo menos una vez al año, generalmente entre el primer Domingo de Cuaresma y el Domingo de la Santísima Trinidad. Por causa razonable puede cumplirse este precepto durante otro tiempo del año.

"Este precepto debe cumplirse durante el tiempo pascual, a no ser que por causa justa se cumpla en otro tiempo dentro del año" (Canon 920, 2).

¿CON QUÉ FRECUENCIA DEBEMOS RECIBIR A JESUS EN LA SANTA COMUNION?

Debemos recibir a Jesús en la Santa Comunión a menudo, más aún cada día, porque Jesús nos santifica al darnos Su vida y Su gracia. Jesús dijo:

"Yo he venido para que tengan vida y la tengan en abundancia" (Jn 10,10).

¿QUÉ ENTENDEMOS POR EL DEBER PASCUAL?

Por el deber Pascual entendemos la obligación de recibir la Santa Comunión al menos una vez al año, especialmente en tiempo pascual.

¿QUÉ ES EL VIATICO?

El Viático es la Santa Comunión que es llevada a una persona enferma o que esté en peligro de muerte.

LA PERMANENCIA DE JESÚS EN EL SAGRARIO

¿PERMANECE LA SAGRADA EUCARISTIA EN LA IGLESIA DESPUES DE LA MISA?

La Sagrada Eucaristía permanece de verdad en la iglesia después de la Misa, reservada en el sagrario.

¿QUÉ OTRO NOMBRE DAMOS A LA SAGRADA EUCARISTIA?

Otro nombre que damos a la Sagrada Eucaristía es el Santísimo Sacramento, que es uno de los más grandes tesoros que posee nuestra Fe Católica.

¿NOS ES BENEFICA LA ORACION QUE HACEMOS ANTE EL SANTISIMO SACRAMENTO?

La oración que hacemos ante el Santísimo Sacramento nos trae gran consuelo y fortaleza porque en la Eucaristía Jesús está completamente presente. Está presente para escucharnos y para ayudarnos.

¿QUÉ ES EL SAGRARIO?

El sagrario es el santuario edificado en forma de caja en que se guarda con devoción a Jesús en el Santísimo Sacramento.

¿QUÉ ES LA CUSTODIA U OSTENSORIO?

La custodia u ostensorio es un objeto sagrado de cierta altura en que se coloca el Santísimo Sacramento para nuestra adoración pública; ambas palabras significan "mostrar" o "presentar."

¿CÓMO DEBEMOS MOSTRAR NUESTRO AMOR Y AGRADECIMIENTO A JESÚS POR PERMANECER CON NOSOTROS EN EL SAGRARIO?

Debemos mostrar nuestro amor y agradecimiento a Jesús por permanecer en el sagrario al hacer frecuentes visitas a la iglesia, comportándonos siempre con respeto y reverencia, participando a menudo en la Celebración Eucarística y asistiendo a las devociones piadosas.

¿QUÉ ES LA BENDICION EUCARISTICA?

La Bendición eucarística es la ceremonia en que el sacerdote bendice al pueblo con la Hostia Consagrada que está guardada en el objeto sagrado que se llama la custodia o el ostensorio, que está a la vista de los fieles.

¿QUÉ ES LA GENUFLEXION?

Al hacer la genuflexión mostramos nuestra reverencia al doblar la rodilla derecha hasta el suelo (se hace especialmente cuando uno pasa enfrente del Santísimo Sacramento).

VASOS SAGRADOS Y ORNAMENTOS LITÚRGICOS DE LA MISA

¿QUÉ SON LOS ORNAMENTOS SAGRADOS?

Los ornamentos sagrados son la vestidura especial que se lleva al celebrar la Eucaristía. Generalmente el sacerdote en la Misa se viste con alba, estola y casulla.

¿QUÉ ES LA ESTOLA?

La estola es una banda larga y estrecha que está hecha del mismo material y del mismo color que la casulla. Se coloca por el cuello del sacerdote y se lleva cruzada y sobre el pecho.

¿QUÉ ES EL CÍNGULO?

El cíngulo es un cordón largo que se usa para recoger el alba en la cintura del sacerdote.

¿QUÉ ES LA CASULLA?

La casulla es la vestidura exterior que el sacerdote lleva durante la celebración de la Misa.

¿QUÉ ES EL ÁMITO?

El ámito es una pequeña pieza de tela blanca de forma rectangular que queda recogida por el cuello del sacerdote y cubre sus hombros.

¿QUÉ ES EL ALBA?

El alba es una túnica larga de color blanco que lleva el sacerdote cuando ofrece el Sacrificio eucarístico.

¿QUÉ ES LA DALMÁTICA?

La dalmática es la vestidura que lleva el diácono sobre el alba y la estola durante las celebraciones litúrgicas.

¿QUÉ FUNCIONES TIENE EL ALTAR?

El altar es la mesa del Señor, construída de mármol, granito, madera u otro material sólido y agradable. El pueblo de Dios se convoca y se reune en comunidad para participar en el ofrecimiento u oblación del Señor Jesús en el altar de Sacrificio. Generalmente se guardan relíquias de mártires o santos dentro del altar.

¿POR QUÉ SE COLOCA LA CRUZ CON LA FIGURA DEL CUERPO DE CRISTO EN EL ALTAR O CERCA DEL ALTAR?

La cruz con la figura del cuerpo de Cristo se coloca en el altar o cerca de él para recordar a los fieles el Sacrificio de Jesús en la cruz.

¿CUÁL ES EL SIGNIFICADO DE LAS VELAS ENCENDIDAS EN EL ALTAR?

Las velas encendidas en el altar son como testimonio de nuestra devoción a Jesús que, por Su gracia, es luz y vida de los hombres.

¿QUÉ ES EL AMBON?

El ambón es un púlpito pequeño donde se proclama la Liturgia de la Palabra.

¿QUÉ PAPEL DESEMPEÑA EL LECTOR?

El lector es un laico que proclama la Palabra de Dios (aparte del Evangelio) en la Misa.

¿QUÉ SON LAS VINAJERAS?

Las vinajeras son botellas pequeñas que contienen el vino y el agua que
están destinados a usarse durante la
Celebración Eucarística.

¿QUÉ CLASE DE PAN SE DEBE UTILIZAR PARA LA CELEBRACION DE LA EUCARISTIA?

El pan que se utiliza para la celebración de la
Eucaristía debe estar hecho exclusivamente de harina
de trigo y de agua. No se puede echar ningún otro ingre-
diente ya añadido, ya en substitución.

¿QUÉ CLASE DE VINO SE DEBE UTILIZAR PARA CELEBRAR LA EUCARISTIA?

Se debe utilizar para la Eucaristía vino puro y natural de uva. Dicho vino, hecho para fines sacramentales,
debe estar designado claramente como vino de altar.

¿QUÉ ES EL CALIZ?

El cáliz es la copa sagrada en la
que el vino se convierte en la Consagración en la Sangre verdadera de
Cristo.

¿QUÉ ES EL COPON?

El copón es la copa sagrada pro-
vista de tapadera que se usa para
guardar el Cuerpo de Cristo que se distribuye a los fieles en la Santa Comunión.

¿QUÉ ES EL CORPORAL?

El corporal es una pequeña pieza
de tela de lino sobre la que descansan
los vasos sagrados que contienen las
Sagradas Especies durante la Misa.

¿QUÉ ES LA PALIA?

La palia es una pequeña tarjeta
rígida y forrada de lino de unas seis

pulgadas cuadradas, que se usa para cubrir el cáliz que contiene la preciosísima Sangre de Cristo.

¿QUÉ ES LA PATENA?

La patena es un plato pequeño en que se coloca el Cuerpo de Cristo.

¿QUÉ ES EL PURIFICADOR?

El purificador es una pequeña toalla de lino que el sacerdote usa para limpiar los vasos sagrados.

¿QUÉ ES LA LAMPARA DEL SANTI-SIMO?

La lámpara del Santísimo o del presbiterio es una vela que arde continuamente cerca del sagrario en donde se guarda el Santísimo Sacramento.

¿CUÁL ES EL SIGNIFICADO DE LOS COLORES LITURGICOS?

Los colores litúrgicos son generalmente verde, morado, rojo, rosa y blanco: son los colores de las vestiduras exteriores del sacerdote que sirven para indicar las expresiones de alegría, penitencia, etc., según los tiempos litúrgicos o las fiestas que se celebran.

¿QUÉ ENTENDEMOS POR EL AÑO LITURGICO?

El año litúrgico es el nombre que damos a los días y temporadas del año durante los cuales la Iglesia celebra el Misterio Pascual de Jesucristo. Los tiempos litúrgicos son: Adviento, Navidad, Cuaresma, Pascua y Tiempo Ordinario. Los domingos y días de precepto, fiestas de María, celebraciones en honor de los santos y otros días de fiesta dan esplendor al año de la Iglesia y avivan la devoción del pueblo de Dios.

¿QUÉ ES EL ADVIENTO?

El Adviento quiere decir la "venida." Es el tiempo en que nos preparamos para la Navidad y recordamos la segunda venida de Cristo al fin de los tiempos.

¿QUÉ ES LA NAVIDAD?

La Navidad es el día de precepto en que celebramos el Nacimiento de Jesús.

¿QUÉ ES EL TIEMPO DE LA NAVIDAD?

El tiempo de la Navidad es aquella temporada alegre y gozosa que se extiende del día de la Navidad a la celebración del Bautismo de Cristo.

¿QUÉ ES LA CUARESMA?

La Cuaresma es la temporada en que la Iglesia se prepara para la Pascua y en que la Iglesia espera que los cristianos pongan mayor atención a obras de oración, penitencia y actos de caridad.

¿QUÉ ES LA PASCUA?

La Pascua es el día de celebración más grande e importante de la Iglesia por ser el domingo especial en que nos regocijamos por la Resurrección de Jesús de entre los muertos.

¿QUÉ ES EL TIEMPO PASCUAL?

El tiempo Pascual es la temporada más gozosa del año litúrgico—los cincuenta días que median entre la Pascua y el Pentecostés.

¿QUÉ ES LA VIGILIA PASCUAL?

La Vigilia Pascual es la celebración que se tiene a hora oportuna durante las horas de oscuridad que preceden la salida del sol el día de la Pascua (el nombre "vigilia" significa "vela de noche"), y consiste en la celebración de la luz, Pregón pascual y Liturgia de la Palabra, celebración del agua y Liturgia del Bautismo y Liturgia de la Eucaristía.

¿QUÉ ES EL PENTECOSTES?

El Pentecostés es el domingo que ocurre siete semanas después de la Pascua de Resurrección en que celebramos la Venida del Espíritu Santo sobre los Apóstoles. Se considera el Pentecostés como el "día de nacimiento" de la Iglesia.

¿QUÉ ES EL TIEMPO ORDINARIO?

El Tiempo Ordinario es la temporada del año litúrgico fuera de Adviento-Navidad y Cuaresma-Pascua; una parte media entre las semanas que se extienden del tiempo de la Navidad a la Cuaresma, la otra parte media entre el tiempo de Pentecostés y el de Adviento.

¿CUÁLES SON LOS LIBROS QUE USAMOS EN LA MISA?

Usamos el Misal Romano que está dividido en el Sacramentario, el libro que contiene las oraciones que reza el celebrante de La Misa, menos las lecturas de la Sagrada Escritura y el Salmo responsorial que están en un libro aparte que se llama el Leccionario

RESPECTO A LA MISA ¿QUÉ ENTENDEMOS POR LA PALABRA "OPCIONES"?

"Opciones" es un término que se refiere a las selecciones que la Iglesia permite a los sacerdotes en cuanto a algunas oraciones de la Misa. Por ejemplo: él puede recitar una de las cuatro Plegarias Eucarísticas.

LA CONFIRMACION

"El sacramento de la Confirmación, que imprime carácter y por el que los bautizados, avanzando por el camino de la iniciación Cristiana, quedan enriquecidos con el don del Espíritu Santo y vinculados más perfectamente a la Iglesia, los fortalece y obliga con mayor fuerza a que, de palabra y obra, sean testigos de Cristo y propaguen y defiendan la fe" (Canon 879).

¿QUÉ ES EL SACRAMENTO DE LA CONFIRMACION?

La Confirmación es el sacramento en que el Espíritu Santo viene a nuestras almas de un modo especial para unirnos más íntimamente a Jesús y a Su Iglesia y para sellarnos y robustecernos como testigos de Cristo.

"Cuando venga el Paráclito, que os enviaré de parte del Padre, el Espíritu de verdad que procede del Padre, El dará testimonio acerca de mí" (Jn 15,26) (Vea también He 2,4; 8,14-17).

¿QUIÉN ES EL MINISTRO DE LA CONFIRMACION?

El obispo es el ministro ordinario de la Confirmación. Los obispos son los sucesores de los Apóstoles y los líderes de la Iglesia. En nombre de la Iglesia el obispo envía en misión a los cristianos confirmados—la misión de difundir la Fe por medio de la palabra y el buen ejemplo. Los sacerdotes pueden confirmar en ciertas circunstancias determinadas por la Iglesia.

¿QUÉ QUIERE DECIR LA PALABRA "CONFIRMAR"?

"Confirmar" quiere decir fortalecer. Por la Confirmación nuestra fe recibe una profundización y robustecimiento y por este sacramento quedamos unidos más perfectamente a Cristo y Su Iglesia.

¿QUÉ CONSTITUYE EL SIGNO DE LA CONFIRMACION?

La unción con el crisma y las palabras constituye el signo de la Confirmación.

¿QUÉ NOS DICE EL RITO DE LA CONFIRMACION EN CUANTO A ESTE SACRAMENTO?

En el Rito de la Confirmación la unción con el crisma muestra la fortaleza y el poder que se reciben y vienen del Espíritu Santo. Se hace la unción sobre la frente en forma de una cruz para significar que profesamos con firmeza nuestra fe, y que daremos testimonio de ella aun en medio de las dificultades de la vida.

¿QUÉ ENTEDEMOS POR "UNCION"?

Ungir es hacer una marca o "señal" con aceite. El aceite sagrado que se usa en la Confirmación se llama el crisma. Sirve para significar la fortaleza espiritual. El dulce aroma del bálsamo que contiene significa la libertad del pecado y la difusión de la bondad.

¿QUÉ SIGNIFICAN LAS PALABRAS?

Las palabras significan que recibimos el Espíritu Santo de un modo especial, y que quedamos sellados como testigos de Cristo.

¿QUÉ ENTENDEMOS CUANDO DECIMOS QUE EL CRISTIANO QUEDA SELLADO COMO TESTIGO DE CRISTO?

Por la Confirmación el Cristiano recibe una segunda marca espiritual que perdura por siempre. La primera marca espiritual fue recibida en el Bautismo. Este sello espiritual se llama el carácter sacramental.

¿ES LA CONFIRMACION NECESARIA PARA LA SALVACION?

La Confirmación no es absolutamente necesaria para la salvación, no obstante sería gravemente erróneo descuidar de la recepción de este sacramento en razón de las gracias abundantes que confiere. La Confirmación es importante, también para el aumento y crecimiento de la Iglesia.

¿CÓMO SE ADMINISTRA LA CONFIRMACION?

El obispo extiende sus manos sobre la persona que va a ser confirmada y unge su frente en forma de una cruz con el crisma, diciendo al mismo tiempo: "N., recibe por esta señal el don del Espíritu Santo." La persona confirmada responde, "Amén," que quiere decir. "Así sea." El don es el mismo Espíritu Santo, que es el don que el Padre y el Hijo nos dan.

¿QUÉ SIGNIFICA SER TESTIGO DE CRISTO?

Un testigo de Cristo es aquella persona que dice o muestra a los demás algo de Dios.

¿CÓMO DAMOS TESTIMONIO DE CRISTO?

Damos testimonio de Cristo por medio de la doctrina, la vida que llevamos en amor a Dios y a los demás, por medio de la defensa y la difusión de nuestra Fe Católica. Nuestra Fe Católica consiste en todo lo que creemos y que practicamos como Católicos.

¿QUIÉN PUEDE RECIBIR EL SACRAMENTO DE LA CONFIRMACION?

Todo Católico ya bautizado que no ha sido confirmado puede recibir el sacramento de la Confirmación. La Iglesia recomienda y anima enérgicamente a los Católicos a que estudien con diligencia su Fe antes de recibir la Confirmación, porque se espera que un Católico confirmado la viva de verdad. Sin embargo, los bebés recién bautizados también pueden ser confirmados, y así sucede de vez en cuando.

¿CÓMO DEBE PREPARARSE UN CATOLICO PARA RECIBIR LA CONFIRMACION?

Un Católico debe prepararse para la Confirmación al estudiar la Fe Catolica, al rezar y al dar testimonio de Cristo por medio de su conducta.

¿CUÁL ES EL PAPEL DEL PADRINO DE CONFIRMACION?

El padrino de Confirmación tiene los mismos deberes que el padrino de Bautismo. La Iglesia sugiere que el padrino de Bautismo sea también el padrino de Confirmación. Sin embargo se puede escoger un padrino diferente, aun el propio padre o la propia madre. De todos modos el padrino debe ser un Católico practicante que ya recibió la Confirmación.

¿PUEDE TOMARSE OTRO NOMBRE DE SANTO EN LA CONFIRMACIÓN?

El católico que va a ser confirmado puede tomar el nombre de otro santo en la Confirmación, si así lo desea.

¿CUÁLES SON LOS DERECHOS Y PRIVILEGIOS DE LOS CATOLICOS CONFIRMADOS?

Los católicos confirmados se convierten en miembros más plenos de la Iglesia. Reciben fortaleza espiritual y más gracias actuales que les ayudarán a dar mejor testimonio de Cristo. El confirmado ha recibido asimismo un aumento de las gracias y los dones que recibió inicialmente por el Bautismo. Así está indicado en la ceremonia de la Confirmación cuando se invoca el Espíritu Santo para que descienda sobre el confirmado con Sus siete dones.

¿CUÁLES SON LAS OBLIGACIONES DE LOS CATOLICOS CONFIRMADOS?

Los católicos confirmados deben perseverar en adquirir conocimiento de su Fe. Deben vivir, amar, propagar, y compartir su Fe con los demás como testigos de Cristo.

UNCIÓN DE LOS ENFERMOS

"La unción de los enfermos, con la que la Iglesia encomienda los fieles gravemente enfermos al Señor doliente y glorificado, para que los alivie y salve, se administra ungiéndoles con óleo y diciendo las palabras prescritas en los libros litúrgicos" (Canon 998).

¿QUÉ ES EL SACRAMENTO DE LA UNCIÓN DE LOS ENFERMOS?

La Unción de los Enfermos es el sacramento por medio del cual Cristo da fortaleza y consuelo al alma y, a veces, también, al cuerpo del que está gravemente enfermo por causa de una enfermedad corporal, heridas o la ancianidad.

¿QUIÉN OBRA EN NOMBRE DE JESUS EN LA UNCIÓN DE LOS ENFERMOS?

El sacerdote actúa en nombre de Jesús en la Unción de los Enfermos. La Santa Biblia lo dice así,

"¿Qué, alguno de vosotros está enfermo? Entonces que llame a los presbíteros de la Iglesia, y que hagan oración por él ungiéndolo con aceite en nombre del Señor; y la oración de la fe aliviará al enfermo, y el Señor lo levantará. Y si hubiere cometido pecados, se le perdonarán" (Sant 5, 14-15).

¿QUÉ CONSTITUYE EL SIGNO DE LA UNCIÓN DE LOS ENFERMOS?

La unción y las palabras que la acompañan constituyen el signo de la Unción de los Enfermos.

¿QUÉ ES EL OLEO SANTO QUE SE USA EN LA UNCIÓN?

El óleo santo que se usa en la Unción de los Enfermos se llama el óleo de los enfermos. Representa la salud, el alivio— principalmente la salud espiritual, pero también la salud física.

¿QUÉ SIGNIFICAN LAS PALABRAS QUE ACOMPAÑAN LA UNCION?

Las palabras del sacramento de la Unción significan que pedimos a Dios que conceda al enfermo la fortaleza, la salud, y la gracia.

¿QUIÉN PUEDE RECIBIR EL SACRAMENTO DE LA UNCION DE LOS ENFERMOS?

Toda persona bautizada, que pudo haber pecado y que está gravemente enferma por causa de malestar, heridas o ancianidad, puede recibir la Unción de los Enfermos.

¿QUÉ HACE ESTE SACRAMENTO PARA LA PERSONA QUE LO RECIBE?

Por medio de este sacramento, Cristo Nuestro Señor:

—fortalece el alma del enfermo con gracias en abundancia para que tenga el vigor de resistir las tenta-

ciones, (pues a menudo las tentaciones son más intensas cuando uno está físicamente débil);

—da al enfermo confortamiento para que pueda
sobrellevar sus sufrimientos con valor y consuelo antes
de la muerte;

—purifica el alma de pecado venial;

—quita también el pecado mortal si la persona
hubiera querido el perdón de Dios, pero no estuviera
capacitada para hacer su confesión;

—concede la remisión por lo menos de alguna parte
de la pena temporal debida al pecado.

Algunas veces el sacramento reestablece también
la salud física, si será a beneficio de la salvación de la
persona enferma.

¿CUÁNDO DEBE RECIBIR UNA PERSONA LA UNCION DE LOS ENFERMOS?

Una persona debe recibir la Unción de los Enfermos
cuando comienza a estar o sentirse en peligro de la
muerte por causa de enfermedad o edad avanzada. Es
una práctica recomendable rogar que el sacerdote visite
a los miembros enfermos de la familia en caso de
enfermedad grave, aun cuando todavía no haya peligro
aparente de la muerte. Los niños enfermos pueden también recibir el sacramento si han llegado a la edad de
poder ser fortalecidos por él. Las personas que son de
edad avanzada o en condición de debilidad física deben
ser invitadas a recibir la Unción, aun cuando todavía no
estén peligrosamente enfermos.

¿DÓNDE SE RECIBE EL SACRAMENTO DE LA UNCION?

El sacramento de la Unción se recibe generalmente
en la casa o en el hospital. En la casa se prepara una
mesa y se la cubre con un lienzo blanco en la habitación
del enfermo. Sobre la mesa se puede poner un crucifijo,
dos velas y agua bendita.

¿CÓMO SE ADMINISTRA LA UNCIÓN DE LOS ENFERMOS?

La Unción de los Enfermos se administra del modo siguiente: el sacerdote unge al enfermo con el óleo santo sobre la frente y las dos manos, diciendo las oraciones correspondientes.

¿CUÁNDO SE ADMINISTRA LA UNCIÓN DE LOS ENFERMOS?

La Unción de los Enfermos se administra generalmente después de que la persona enferma haya hecho su confesión al sacerdote. Sin embargo, la Unción se puede administrar a una persona que esté inconsciente.

¿QUÉ ES NECESARIO HACER PARA RECIBIR EL SACRAMENTO CON LAS DISPOSICIONES DEBIDAS?

Para recibir este sacramento con las disposiciones debidas, la persona debe estar en estado de gracia. Por este motivo se acostumbra recibir antes el sacramento de la Penitencia, a menos que el enfermo esté inconsciente.

¿SE DEBE LLAMAR AL SACERDOTE PARA LA UNCIÓN DE LOS ENFERMOS AUN CUANDO LA PERSONA ESTE APARENTEMENTE MUERTA?

Se debe llamar al sacerdote aun cuando la persona esté aparentemente muerta, porque la Unción y la absolución se pueden administrar por algún tiempo después de la muerte aparente.

¿QUÉ QUEREMOS DECIR POR "LOS ÚLTIMOS SACRAMENTOS"?

Los últimos sacramentos son los que una persona recibe cuando esta gravemente enferma. Estos sacramentos son, Penitencia, Unción de los Enfermos y Viático (Sagrada Eucaristía).

¿QUÉ OTROS SACRAMENTOS SE ACOSTUMBRA RECIBIR ANTES Y DESPUÉS DE LA UNCIÓN DE LOS ENFERMOS?

Se acostumbra recibir el sacramento de la Penitencia antes de la Unción de los Enfermos y después la Sagrada Eucaristía.

¿CÓMO PROCEDE EL SACERDOTE CUANDO HACE UNA VISITA A UN ENFERMO?

El sacerdote precede de esta manera cuando hace la visita a un enfermo: entra en la casa del enfermo, da a todos los presentes el saludo de la paz, y después coloca el Santísimo Sacramento en una mesa apropiada. Los que están presentes hacen un acto de adoración al Santísimo. Después el sacerdote rocía al enfermo y su habitación con agua bendita rezando al mismo tiempo las oraciones prescritas. El sacerdote puede escuchar entonces la confesión del enfermo. Si la confesión sacramental no forma parte de la ceremonia, o si otras personas quieren recibir la Santa Comunión junto con el enfermo el sacerdote invita a todos a hacer juntos el acto penitencial. Uno de los presentes o el sacerdote puede leer algún texto de la Sagrada Escritura. El sacerdote puede a su vez hacer una breve explicación del texto que acabó de leerse. A continuación se recita el Padre Nuestro. Después, el sacerdote distribuye la Santa Comunión. Se puede guardar un santo silencio. La oración final y bendición concluyen el Rito de la Comunión de los enfermos.

A veces los diáconos o ministros extraordinarios de la Eucaristía visitan a los enfermos. Aunque éstos no pueden administrar el sacramento de la Penitencia, pueden distribuir la Santa Comunión.

ORDENES SAGRADAS

"Mediante el sacramento de orden, por institución divina, algunos de entre los fieles quedan constituídos ministros sagrados, al ser marcados con un carácter indeleble, y así son consagrados y destinados a apacentar el pueblo de Dios según el grado de cada uno, desempeñando en la persona de Cristo Cabeza las funciones de enseñar, santificar y regir" (Canon 1008).

¿QUÉ ES EL ORDEN SACERDOTAL?

El Orden Sacerdotal es el sacramento por el cual Dios da gracias y poderes a personas del sexo masculino para que cumplan los deberes sagrados de diáconos, sacerdotes u obispos.

¿QUÉ PODERES POSEEN LOS SACERDOTES?

Los sacerdotes reciben de Dios el poder de imitar a Jesús de una forma especial, celebrando la Santa Misa y convirtiendo el pan y el vino en el Cuerpo y en la Sangre de Jesucristo. Tienen también el poder de perdonar pecados en nombre de Jesús y brindar el confortamiento de El en la Unción de los enfermos.

Además, los sacerdotes pueden desempeñar todo los papeles que desempeñan los diáconos. En casos especiales pueden también administrar el sacramento de la Confirmación.

¿CUÁLES SON LAS OBLIGACIONES DE LOS SACERDOTES ASIGNADOS A PARROQUIAS?

Los sacerdotes que están en parroquias; llamados también sacerdotes seculares o diocesanos, cuidan de las necesidades de los fieles de su parroquia, les animan a recibir instrucción religiosa, y les dan consejos acerca de las leyes de Dios y la gracia divina que se recibe por medio de los sacramentos.

Los sacerdotes diocesanos son los ayudantes y colaboradores de los obispos.

¿CUÁNTOS GRADOS DE ORDENACION EXISTEN?

Existen tres grados de ordenación—el diaconado, el sacerdocio y el episcopado. El diaconado es el estado jerárquico del diácono; el episcopado es el estado jerárquico del obispo.

¿QUIÉN ACTUA EN NÚMBRE DE JESUS AL CONFERIR LAS ORDENES SAGRADAS?

El obispo actúa en nombre de Jesús al conferir las Ordenes Sagradas.

¿QUIÉN PUEDE RECIBIR EL ORDEN SACERDOTAL?

Un hombre bautizado, que es un buen católico y que se ha preparado por medio del estudio y ha sido aceptado por el obispo puede recibir el Orden Sacerdotal (Vea el canon 1.024.)

¿ES EL SACERDOCIO UN PRIVILEGIO ESPECIAL?

Efectivamente, el sacerdocio es un privilegio especial. Nadie tiene derecho a ser ordenado. Dios llama a un hombre al sacerdocio por medio de la Iglesia. Por tanto, la ordenación es un don de Dios al que ha sido ordenado y no un derecho propio de él.

¿CÓMO SE ADMINISTRA EL ORDEN SACERDOTAL?

El Orden Sacerdotal se administra mediante la imposición de las manos del obispo y la oración que implora que Dios conceda la dignidad del sacerdocio al hombre o a los hombres que se han presentado para la ordenación. Cuando tal ceremonia tiene lugar, el hombre recibe gracias abundantes, los poderes del sacerdocio y un tercer sello o marca espiritual—el carácter sacerdotal.

¿QUÉ ES EL SIGNO DEL ORDEN SACERDOTAL?

El signo del Orden Sacerdotal es la imposición de las manos, junto con una oración especial. El obispo coloca sus manos, palmas de la mano abajo sobre la cabeza del candidato para mostrar el don que se ha recibido del Espíritu Santo, con Su gracia y poder.

¿CUÁLES SON LOS DERECHOS Y PRIVILEGIOS DEL SACERDOTE?

El sacerdote tiene el derecho de guiar al pueblo que Dios le ha encomendado a su ministerio y de ser respetado por ellos. En la Santa Misa y en la administración de los sacramentos él actúa en la persona de Cristo. El sacerdote merece el respeto de los fieles porque ha dedicado su vida a Cristo de un modo especial. El sacerdote diocesano debe usar sus derechos al obedecer a su obispo. El sacerdote que pertenece a una Orden religiosa debe usar sus derechos al obedecer a su superior.

¿CUÁLES SON LAS OBLIGACIONES DE LOS SACERDOTES?

Los sacerdotes deben enseñar a los fieles encomendados a su cuidado pastoral, guiarlos por el camino de una vida ordenada y llevarlos a recibir la gracia de Dios por medio de la Misa y los sacramentos. Los sacerdotes tienen también la grave responsabilidad de enseñar solamente lo que enseña la Iglesia (es decir, el Papa y los obispos en comunión con él).

Y porque están consagrados a Cristo de un modo especial, los sacerdotes deben llevar el amor de Cristo a los fieles y encaminarlos hacia el cielo.

¿CUÁL ES EL PAPEL DE LOS DIACONOS?

Los diáconos rinden servicio a los fieles al bautizar, leer la Palabra de Dios, predicar, distribuir la Santa Comunión, dar la Bendición del Santísimo, y bendecir a los que se presentan para el sacramento del Matrimonio, etc.

¿CUÁNTAS CLASES DE DIACONADO EXISTEN?

Hay dos clases de diáconos. Los hombres que aspiran al sacerdocio reciben la ordenación diaconal antes de ser ordenados sacerdotes. Permanecen diáconos solamente por un tiempo. Existen también los diáconos permanentes, que son hombres solteros o casados que permanecerán diáconos para toda la vida.

MATRIMONIO

"La alianza matrimonial, por la que el varón y la mujer constituyen entre sí un consorcio de toda la vida, ordenado por su misma índole natural al bien de los cónyuges y a la generación y educación de la prole, fue elevado por Cristo Señor a la dignidad de sacramento entre bautizados" (Canon 105.1).

¿QUÉ ENTENDEMOS POR EL MATRIMONIO?

Por el Matrimonio entendemos el sacramento por medio del cual un hombre y una mujer bautizados se unen para toda la vida en un consorcio legal y reciben la gracia de Dios para que puedan cumplir las responsabilidades de su vocación

¿EN QUÉ SENTIDO ES EL MATRIMONIO UNA ALIANZA?

El Matrimonio es una alianza y un acuerdo mutuo en el sentido de que el marido y la mujer prometen ser fieles el uno al otro para toda la vida.

¿CUÁL ES EL FIN DEL MATRIMONIO?

El fin del matrimonio es doble: la procreación y educación debida de los hijos y la mutua ayuda y amor conyugal que benefician al marido y a la mujer. Estos dos fines son inseparables. Además, el Matrimonio es un signo sarado que recuerda el amor perpetuo de Cristo por Su Iglesia.

"El matrimonio y el amor conyugal están ordenados por su propia naturaleza a la procreación y educación de la prole. Los hijos son sin duda, el don más excelente del matrimonio y contribuyen sobremanera al bien de los propios padres....

"El matrimonio no ha sido instituído solamente para la procreación, sino que la naturaleza del vínculo indisoluble entre las personas y el bien de la prole requieren que también el amor mutuo de los esposos mismos se manifieste, progrese y vaya madurando ordenadamente" (Constitución sobre la Iglesia en el Mundo actual, no. 50).

¿CUÁNDO SE RECIBE EL SACRAMENTO DEL MATRIMONIO?

Un hombre y una mujer que sean católicos reciben el sacramento del Matrimonio cuando se casan por la Iglesia o con el permiso de la Iglesia.

¿QUÉ CONSTITUYE EL SIGNO DEL MATRIMONIO?

El intercambio de los votos matrimoniales (promesas muy importantes) de amarse y ser fieles el uno al otro para toda la vida constituye el signo del Matrimonio.

¿CÓMO SE ADMINISTRA EL SACRAMENTO DEL MATRIMONIO?

El sacramento del Matrimonio se administra por medio del mutuo consentimiento. El hombre y la mujer se dan y se aceptan el uno al otro a fin de establecer el matrimonio. La expresión "votos matrimoniales" se usa popularmente para dar énfasis a la solemnidad de la alianza.

"El matrimonio lo produce el consentimiento de las partes legítimamente manifestado entre personas jurídicamente hábiles, consentimiento que ningún poder humano puede suplir" (Canon 1057.1).

¿QUIÉN ACTUA EN NOMBRE DE JESUS EN EL SACRAMENTO DEL MATRIMONIO?

Las dos partes contrayentes actúan en nombre de Jesús en el Matrimonio: es decir el hombre y la mujer que reciben el sacramento realmente dan el sacramento el uno al otro. El sacerdote o el diácono actúa como testigo oficial del sacramento y da a los esposos la bendición de Dios.

¿CUÁLES SON LOS EFECTOS DEL SACRAMENTO DEL MATRIMONIO?

Los efectos del sacramento del Matrimonio son el crecimiento de la gracia y el derecho de pedir a Dios toda la ayuda que los esposos necesiten para poder vivir en mutuo amor y fidelidad para toda la vida, y para procrear y educar a los hijos cristiana y católicamente.

¿CUÁLES SON LAS OBLIGACIONES DE LA VIDA MATRIMONIAL?

En breve, las obligaciones de las personas casadas son las siguientes:

—el amor y la fidelidad para toda la vida;

—la procreación y educación debida de los hijos.

Y debido a estas obligaciones dadas por Dios, el uso de los anticonceptivos, el aborto y el divorcio con recasamiento son acciones pecaminosas.

¿QUIÉN PUEDE RECIBIR EL SACRAMENTO DEL MATRIMONIO?

Para recibir el sacramento del Matrimonio una persona debe estar válidamente bautizada y no estar ya ligada a otra persona por matrimonio. La persona debe obedecer también las leyes matrimoniales de la Iglesia.

¿QUIÉN PUEDE RECIBIR EL SACRAMENTO DEL MATRIMONIO MAS DE UNA VEZ?

Si alguien recibió el sacramento del Matrimonio y después sufre la muerte de su cónyuge, el cónyuge que queda vivo sería libre de contraer matrimonio otra vez.

"La mujer permanece ligada al marido mientras esté vivo. Al morir, queda libre para casarse con el que quiera..." (1 Cor 7,39).

¿CÓMO PODEMOS SABER SI LOS NOVIOS SON LIBRES DE CONTRAER MATRIMONIO?

La Conferencia de Obisbos del país determina la clase de investigaciones que debe llevarse a cabo para asegurar que no haya impedimento alguno a un verdadero matrimonio.

¿QUÉ ES UN MATRIMONIO MIXTO?

Un matrimonio mixto es un matrimonio entre un católico y un no-católico.

¿ESTÁN PERMITIDOS LOS MATRIMONIOS MIXTOS?

Sí, están permitidos los matrimonios mixtos (con dispensa), pero la Iglesia no los recomienda. Los católicos que contraen un matrimonio mixto deben tomar todas las medidas que sean necesarias para fortalecer su fe, para dar buen ejemplo y para educar a sus hijos como católicos.

¿POR QUÉ URGE LA IGLESIA A QUE LOS CATOLICOS CONTRAIGAN MATRIMONIO SOLAMENTE CON OTROS CATOLICOS?

La unión del marido y la mujer en el matrimonio cristiano es un signo de la unión de Cristo con Su Iglesia. Los consortes aceptan la invitación de vivir en perfecta unión de mente y en comunión de vida y esta unión puede quebrantarse o debilitarse cuando existen diferencias de opinión o desacuerdos que atañen a verdades y convicciones religiosas. La religión es una fuerza tan vital que cuando una pareja no puede compartirla, sienten que hay algo que falta a esa unión. Cuanto más la diferencia de creencias religiosas, tanto más el peligro potencial de problemas en el matrimonio.

¿POR QUÉ ES INDISOLUBLE EL SACRAMENTO DEL MATRIMONIO?

El Matrimonio es indisoluble porque así lo quiere Dios (véase Mc 10,2-12). El "no-quebrantamiento" del vínculo matrimonial, llamado la indisolubilidad, es para el beneficio de la pareja, sus hijos y la sociedad entera.

¿PERMITE ACASO LA IGLESIA LA SEPARACION DE LOS ESPOSOS?

Por una causa justa y buena la Iglesia permite la separación de los esposos de un matrimonio válido, pero sin darles el derecho de casarse otra vez.

¿CUÁLES SON ALGUNAS DE LAS RAZONES POR LAS CUALES LA IGLESIA PUEDE CONCEDER UNA SEPARACION?

Una razón por la cual la Iglesia concede una separación permanente es por causa del adulterio de uno de los esposos. Otras causas por las cuales el consorte injuriado puede solicitar una separación temporal o por un tiempo indefinido son: conducta criminal o vergonzosa, educación de los hijos en el cisma o la herejía, peligro grave para el alma y cuerpo del consorte que solicita la separación.

¿QUÉ ES EL DIVORCIO?

El divorcio es un mal que atenta quebrar la unidad del vínculo matrimonial que nunca debe quebrarse o disolverse, a no ser que uno de los esposos muera. Jesús dijo:

"Pues que no habéis leído que el Creador al principio hizo al hombre, varón y mujer, y que dijo 'Por esa causa dejará el hombre a su padre y a su madre, se juntará con su mujer, y serán los dos una sola carne'? De modo que ya no son dos, sino una sola carne. Lo que unió Dios, que no lo separe el hombre" (Mt 19,5-6).

¿SE PERMITE ALGUNA VEZ EL DIVORCIO?

La Iglesia nunca puede permitir el divorcio con matrimonio subsecuente. La Iglesia puede permitir a una pareja casada obtener el divorcio civil por razones legales; pero en presencia de Dios la pareja está solamente separada. Ninguno de los dos puede casarse otra vez mientras el otro esposo todavía esté viviendo.

"Todo aquel que se divorcia de su mujer y se casa con otra es un adúltero; y el que se casa con la mujer divorciada de tal marido es otro adúltero" (Lc 16,18).

¿CUÁLES SON ALGUNAS DE LAS NECESIDADES DE LOS CATOLICOS DIVORCIADOS?

Los católicos divorciados de hoy necesitan:

—asesoramiento y consejo especial para que no vivan amargados de la vida, para que no renieguen contra las "reglas de la Iglesia," cuando estas reglas son las de Cristo;

—guía y dirección para guardar las enseñanzas eternas de Cristo y superar sentimientos de soledad, tristeza y desolación;

—aliento para vivir cerca de Dios y los sacramentos, especialmente la Santa Comunión;

—aliento especial para que jamás atenten un matrimonio inválido, porque tal situación les impedirá recibir los sacramentos que dan la vida sobrenatural y la sostienen.

¿QUÉ SE RECOMIENDA A LOS CATOLICOS QUE VIVEN EN ESTADO DE MATRIMONIO INVALIDO?

Para los católicos que viven en un matrimonio inválido los problemas religiosos son grandes y así mismo es esencial la necesidad de consejo, asesoramiento y guía. Tales católicos nunca deben perder ni la esperanza ni el deseo de la salvación. Deben permanecer fieles, con todos los medios que estén a su alcance, a la asistencia a la Misa dominical, a una vida parroquial activa y a la oración personal. De cierto es un modo difícil de vivir la vida y de llegar a la salvación, pero la misericordia de Dios es grande, especialmente al que tiene un corazón contrito.

¿QUÉ ES LA ANULACION DE UN MATRIMONIO?

Un decreto de nulidad o anulación del matrimonio es la decisión hecha por las autoridades de la Iglesia que un matrimonio aparentemente válido, contraído entre dos personas bautizadas, puede ser declarado nulo, no-existente, en razón de un defecto muy serio. Estos defectos, desconocidos a uno o a ambos consortes u ocultados por uno u otro de ellos hacen el matrimonio no-existente desde el principio. Los "tribunales" de la Iglesia estudian cada caso y, cuando es debido, expiden un Decreto de Nulidad—llamado ordinariamente anulación.

¿QUÉ ES EL CASO DE ADULTERIO?

El adulterio es el pecado que se comete cuando una persona casada y alguna otra persona que no sea su esposo o esposa tengan el acto sexual.

¿HAY ALGUN METODO ACEPTABLE DE REGULACION DE LA NATALIDAD?

La Iglesia reconoce los métodos naturales de regulación de la natalidad (en cuanto que éstos están opuestos a los métodos artificiales). Los métodos naturales no ponen obstáculo a la acción creadora de Dios. (Información acerca de los métodos naturales se puede obtener de grupos Católicos de Planificación Natural de la Familia.)

¿QUÉ DEBE OBSERVARSE (REQUISITOS NECESARIOS) PARA RECIBIR EL SACRAMENTO DEL MATRIMONIO DIGNAMENTE?

Para recibir el sacramento de Matrimonio dignamente es necesario que los contrayentes estén libres de pecado grave, que conozcan y entiendan las obligaciones de la vida matrimonial, y que obedezcan las leyes de la Iglesia en lo relativo al Matrimonio.

¿CÓMO DEBEN PREPARARSE LOS CATOLICOS PARA RECIBIR EL SACRAMENTO DEL MATRIMONIO?

Al prepararse para el matrimonio los novios deben:
—estudiar y conocer la hermosura, la nobleza y las obligaciones de la vida matrimonial;
—practicar las virtudes, especialmente la castidad;
—rezar para obtener sabiduría y prudencia en la selección de un consorte apropiado con quien el otro puede vivir este contrato para toda la vida;
—solicitar también el consejo de sus padres, del sacerdote a quien acuden regularmente para la confesión;
—recibir con frecuencia los sacramentos de la Penitencia y de la Sagrada Eucaristía.

SACRAMENTO DE LA PENITENCIA

"En el sacramento de la Penitencia, los fieles que confiesan sus pecados a un ministro legítimo, arrepentidos de ellos y con próposito de enmienda, obtienen de Dios el perdón de los pecados cometidos después del Bautismo, mediante la absolución dada por el mismo ministro, y, al mismo tiempo, se reconcilian con la Iglesia, a la que hirieron al pecar" (Canon 959).

¿QUÉ ES EL SACRAMENTO DE LA PENITENCIA?

La Penitencia es el sacramento del perdón del Dios que nos ama y por medio del cual quedamos libres de nuestros pecados, de la pena eterna debida a ellos, y por lo menos libres de una parte de la pena temporal debida al pecado. Este sacramento nos ayuda también a crecer en la gracia de Dios. También nos fortalece para que podamos evitar las ocasiones del pecado y llevar una vida santa, y por último, nos reconcilia con la Iglesia que herimos por nuestro pecados.

¿DE QUIÉN RECIBIMOS EL DON DEL SACRAMENTO DE LA PENITENCIA?

Recibimos el don del sacramento de la Penitencia de Jesús mismo que dio a los Apóstoles el poder de perdonar los pecados con estas palabras:

"Recibid el Espíritu Santo. A los que les perdonéis los pecados, se les perdonarán; y a los que se los retengáis, se les retendrán" (Jn 20,22-23).

¿CÓMO SABEMOS QUE DIOS QUIERE PERDONAR NUESTROS PECADOS?

Sabemos que Dios quiere perdonar nuestros pecados porque Jesús nos lo dijo muchas veces en el Evangelio y de muchas maneras nos reveló que Dios quiere perdonar nuestros pecados y faltas. Jesús dijo: "En efecto, el Hijo del hombre ha venido a buscar y a salvar lo que se había perdido" (Lc 19,10).

¿QUÉ CONSTITUYE EL SIGNO DEL SACRAMENTO DE LA PENITENCIA?

Los tres "actos del penitente" constituyen el signo de la Penitencia; y además, las palabras que recita el sacerdote.

¿QUÉ ENTENDEMOS POR EL PENITENTE?

El penitente es la persona que está arrepentida y contrita por sus pecados. Los tres actos del penitente son: la contrición (dolor), la confesión (declaración de los pecados) y la satisfacción (compensación por el daño

hecho, cuando esto sea posible, o el cumplir la penitencia que el sacerdote imponga). También podemos rezar
o hacer otras penitencias fuera de las que se impu-
sieran.

¿CÓMO SE ADMINISTRA EL SACRAMENTO DE LA PENITENCIA?

El sacramento de la Penitencia se administra al
hacer nuestra confesión con dolor por los pecados que
hemos cometido, al aceptar la penitencia que el sacerdote nos impone, y al recibir la absolución del sacerdote:..."Yo te absuelvo de tus pecados en el nombre del
Padre, y del Hijo, y del Espíritu Santo." De modo semejante, al recibir la Eucaristía y la Confirmación, respondemos, "Amen."

¿CUÁLES SON LOS CINCO PASOS NECESARIOS PARA PODER HACER UNA BUENA Y SINCERA CONFESION?

Los cinco pasos necesarios para recibir el sacramento de la Penitencia dignamente son: examen de
conciencia, contrición, propósito de enmendar la vida,
confesión y aceptación de la penitencia. El dolor del
penitente tiene que provenir del amor a Dios, temor por
las penas que resultan del pecado o del aborrecimiento
al pecado.

¿QUÉ ES LA CONTRICION PERFECTA?

La contrición perfecta es dolor por los pecados
cometidos, especialmente porque el pecado desagrada
a Dios, que es infinitamente bueno, amable y digno de
ser amado.

¿QUÉ ES LA CONTRICION IMPERFECTA?

La contrición imperfecta es dolor por el pecado por
razones que son buenas en sí pero no son las más sub-
limes, por ejemplo: más por temor que por amor de
Dios.

¿QUÉ ES EL SIGILO DE LA CONFESION?

"El sigilo de la confesión" es la obligación más solemne y seria del confesor de guardar en secreto absoluto todo lo que le ha sido revelado en la confesión.

¿PUEDE UN SACERDOTE QUEBRANTAR ESTE "SIGILO"?

El sacerdote nunca puede violar o quebrantar este sigilo ni aún para salvar su propia vida.

¿PODEMOS HABLAR ALGUNA VEZ DE LO QUE ACASO HEMOS ESCUCHADO O DICHO EN LA CONFESIÓN?

Respecto de lo que acaso hubieramos escuchado en la confesión de otra persona, estamos estrictamente obligados a guardarlo en secreto; respecto de nuestra propia confesión no estamos obligados a guardarlo en secreto. Sin embargo, es mejor y más recomendable no hablar acerca de los consejos recibidos, la penitencia impuesta, etc.

¿DEBEMOS ESTAR TAN AVERGONZADOS QUE NO VAMOS A CONFESARNOS?

Nunca debemos estar avergonzados de no haber ido a confesarnos. Debemos recordar que el sacerdote es el representante de Cristo y que está obligado a guardar el secreto de la confesión y nunca revelar nada de le haya sido confesado en el confesonario. Recordemos también que somos libres de confesarnos con cualquier sacerdote.

¿PUEDE SER PERDONADO TODO PECADO?

Sí, todo pecado puede ser perdonado por medio del sacramento de la Penitencia. Jesús dijo a los Apóstoles:

"Lo que atares en la tierra, atado estará en los cielos; y lo que desatares en la tierra, desatado será en los cielos" (Mt 16,19).

¿PUEDE REHUSAR EL SACERDOTE ALGUNA VEZ LA ABSOLUCION?

El sacerdote puede rehusar la absolución al penitente si la persona que se confiesa no está verdaderamente arrepentida y carece de suficiente dolor por sus pecados graves, o si no tiene la intención de corregirse y enmendar su vida. Cuando hay dolor verdadero, hay perdon de los pecados.

¿QUIÉN PUEDE RECIBIR EL SACRAMENTO DE LA PENITENCIA?

Todo católico que haya cometido pecado puede recibir el sacramento de la Penitencia

¿QUÉ ES LA ABSOLUCION?

La absolución quiere decir "soltar." Cuando el sacerdote nos absuelve, quedamos libres de nuestros pecados, es decir: librados de ellos.

"El que cubre sus delitos no habrá de prosperar: más el que confiesa y perdona obtendrá misericordia" (Prov 28,13).

¿QUÉ ES LA PENITENCIA?

La penitencia es lo que el penitente hace o acepta en satisfación por sus pecados. La Biblia dice: "Volved a mí de todo corazón, ayunando, llorando, llenos de duelo; rasgando vuestros corazones" (Jl 2,13).

¿QUIÉN ACTUA EN NOMBRE DE JESUS EN EL SACRAMENTO DE LA PENITENCIA?

El sacerdote actúa en nombre de Jesús en el sacramento de la Penitencia. Cuando confesamos nuestros pecados al sacerdote, los estamos confesando a Jesús. Y Jesús nos perdona por medio del sacerdote.

¿QUÉ ES UN CONFESOR?

La palabra "confesor" puede tener dos significados. Puede designar al sacerdote que oye confesiones, o puede designar a un santo, fuera del caso de un mártir, que dio testimonio de la Fe en su vida.

¿POR QUÉ CONTAMOS NUESTROS PECADOS AL SACERDOTE?

Contamos nuestros pecados al sacerdote porque él tiene que saber cuales son nuestros pecados para perdonarlos en el nombre de Cristo. San Juan dice:

"...Si confesamos nuestros pecados, Dios es fiel y justo para perdonarnos esos pecados y purificarnos de toda injusticia" (1 Jn 1,9).

¿PUEDE UNA PERSONA CONFESAR SUS PECADOS CON INTENCION DE VOLVER A COMETERLOS?

Una persona no puede confesar sinceramente sus pecados con intención de volver a cometerlos. Dios no perdonará ningún pecado a menos que exista dolor por el pecado (aun dolor imperfecto, tal como existe cuando hay temor del castigo divino, y una resolución firme de no volver a cometerlo en el futuro).

¿HAY TIEMPOS CUANDO UNA PERSONA DEBE CONFESAR SUS PECADOS AL SACERDOTE, ESTO ES, IR A CONFESARSE?

Todo católico debe confesar sus pecados al sacerdote, esto es, confesarse si ha cometido algún pecado mortal. El pecado mortal puede ser perdonado aun antes de la confesión si la persona tiene dolor perfecto (puro) de haber ofendido a Dios que es infinitamente digno de ser amado. Pero ordinariamente, y en casos normales, la persona debe ir a la confesión antes de recibir la Santa Comunión. Si hemos cometido pecado mortal, debemos ir a la confesión cuanto antes.

¿CON QUÉ FRECUENCIA DEBEMOS RECIBIR EL SACRAMENTO DE LA PENITENCIA?

La Iglesia nos manda a recibir el sacramento de la Penitencia (confesión) por lo menos una vez al año si tenemos conciencia de pecado grave. Los católicos devotos y fervorosos procuran ir a la confesión una vez al mes o aún cada semana, si es posible. Se deben confesar todos los pecados mortales pero podemos confesar también nuestros pecados veniales y nuestras faltas (imperfecciones). En otras palabras, todo lo que nos aparta de vivir cerca de Dios es materia para la confesión.

¿ES DE ALGUN BENEFICIO RECIBIR EL SACRAMENTO DE LA PENITENCIA CON FRECUENCIA, AUN CUANDO SOLO HAYAMOS COMETIDO PECADOS VENIALES?

Es una práctica excelente recibir el sacramento de la Penitencia frecuentemente. Aún cuando no tengamos conciencia de pecados graves, este sacramento nos ayuda a darnos cuenta de que todo pecado ofende a Dios. Nos ayuda también a conocer y corregir nuestras faltas, a crecer y a progresar en la gracia y el amor de Dios y del prójimo, y a fortalecer nuestra voluntad y dominio sobre nosotros mismos. Brevemente, la frecuente recepción del sacramento de la Penitencia nos ayuda a ser mejores católicos.

¿CUÁNDO SE PUEDE ADMINISTRAR LA "ABSOLUCION GENERAL"?

En algunos casos extraordinarios se puede adminístrar la "absolución general" a grupos de personas sin el uso de la confesión individual. Como se requiere siempre, los penitentes deben estar arrepentidos, tener dolor, y la intención de nunca más pecar. Despúes de la absolución pueden recibir la Santa Comunión; sin embargo, se obligan a mencionar sus pecados mortales en la confesión lo antes posible.

¿CUÁLES SON LOS DERECHOS Y PRIVILEGIOS DEL QUE HA RECIBIDO EL SACRAMENTO DE LA PENITENCIA?

Los derechos y privilegios del que ha recibido el sacramento de la Penitencia son: la persona que estaba en pecado mortal puede recibir la Sagrada Eucaristía y los otros sacramentos. El penitente queda reconciliado con Dios y la Iglesia.

¿CUÁLES SON LAS OBLIGACIONES DEL QUE HA RECIBIDO EL SACRAMENTO DE LA PENITENCIA?

El que recibe el sacramento de la Penitencia debe cumplir la penitencia que el sacerdote imponga, evitar todo aquello que pueda llevarlo a pecar otra vez y compensar, en cuanto pueda y sea necesario, el daño causado.

El modo en que se puede compensar el daño se declara en la explicación de varios mandamientos de la Ley de Dios, tales como el séptimo y el octavo.

¿CUÁLES SON LOS EFECTOS DE ESTE SACRAMENTO?

Cuando recibimos el sacramento de la Penitencia con las debidas disposiciones, los efectos del sacramento son los siguientes:

—nuestros pecados quedan perdonados;

—nuestra alma vuelve al estado de gracia santificante (si acaso hubiéramos cometido pecado mortal), o recibimos un aumento de gracia santificante (si hubiéramos cometido solamente pecados veniales);

—quedamos librados de toda pena eterna debida al pecado, y por lo menos de alguna pena temporal debida a ellos;

—también recibimos la gracia sacramental de la Penitencia, que nos fortalece para evitar el pecado en el futuro;

—quedamos reconciliados con la Iglesia que herimos por nuestros pecados.

—El sacramento reestablece los méritos de nuestras obras buenas que habíamos perdido por el pecado mortal.

¿CÓMO HACEMOS EL EXAMEN DE CONCIENCIA?

Examinamos la conciencia al recordar lo malo que hemos hecho en pensamiento, palabra, obra y omisión, asi como también si hemos cumplido nuestros deberes imperfectamente o aun si no los hemos cumplido del todo. Como ayuda, debemos recordar cada uno de los diez mandamientos, asi como los deberes especiales del católico y los deberes específicos de uno mismo. Además, nos ayudará hacernos algunas preguntas como las siguientes:

1. ¿Cuál es mi actitud respecto del sacramento de la misercordia de Dios, el sacramento de la Penitencia?

2. ¿Deseo sinceramente que mis pecados sean perdonados, de tal manera que yo pueda comenzar una nueva vida y hacer más profunda mi amistad con Dios?

3. ¿Oculté deliberadamente algunos pecados mortales en mis confesiones anteriores por temor o por vergüenza? En tal caso ¿quiero declararlos sinceramente, confiando en que Dios me perdonará, como perdonó al hijo pródigo?

4. ¿Cumplí la penitencia que me fue impuesta durante mi última confesión? ¿Hice alguna recompensa por el daño que quizas causó a otros?

5. ¿Estoy tratando de ser un mejor católico, según el modelo que nos presenta el Evangelio?

¿CÓMO ES MI AMOR A DIOS?

¿Amo verdaderamente a Dios y pruebo mi amor por medio de mi obediencia a los diez mandamientos?

¿Agradan a Dios mis pensamientos y procuro vivir cada día del mejor modo posible?

¿Creo en Dios y pongo mi confianza en El? ¿O acaso pongo más interés e importancia en las cosas de este mundo?

¿Acepto verdaderamente lo que enseña la Iglesia Católica?

¿Procuro adelantar en el conocimiento y en el amor de mi Santa Fe Católica?

¿Tengo valor suficiente para profesar mi fe en Dios y en la Iglesia?

¿Llevo con honor mi condición de católico, y quiero ser conocido públicamente como católico?

¿Rezo mis oraciones de la mañana y de la noche?

¿Me encomiendo a Dios con frecuencia durante el día, especialmente en el momento de la tentación?

¿Tengo gran amor y reverencia por el santo nombre de Dios?

¿He tomado el nombre de Dios ligeramente o en vano?

¿He blasfemado o jurado en falso?

¿He mostrado alguna vez falta de reverencia y respeto por la Santísima Virgen María y por los santos?

¿Asisto a Misa con atención y devoción en domingos y días de precepto?

¿He cumplido el precepto de la Comunión en el tiempo pascual?

¿Hay acaso algunos "dioses falsos" en mi vida, tales como, el dinero, los vestidos, las supersticiones, los deseos de ser querido y estimado, en fin, cosas que tienen más importancia para mí que Dios.

¿QUÉ TAL MI AMOR AL PROJIMO?

¿Amo de verdad a mi prójimo, o manipulo a la gente por mi propia ventaja y engrandecimiento? ¿Hago a ellos lo que no quisiera que nadie hiciera a mí?

¿He dado mal ejemplo con palabras o acciones?

¿Procuro fomentar felicidad y paz entre los miembros de mi familia?

¿Soy obediente y respetuoso a mis padres?

Si se me permite, ¿tengo la voluntad de compartir de buen grado mis posesiones y cosas con los que tienen menos, o como que los desprecio?

¿Participo en las obras caritativas y apostólicas de mi parroquia?

¿Pido a Dios por las necesidades de la Iglesia y del mundo?

¿En la escuela y en la casa, me esfuerzo en hacer mi trabajo y soy conciente en acatar mis obligaciones?

¿Digo siempre la verdad, soy equitativo? He hecho daño al buen nombre de otra persona?

¿He causado alguna vez daño a la propiedad de otra persona o a sus posesiones? ¿He robado o tomado cosas ajenas?

¿He peleado con otros? ¿He insultado a otros?

¿Me he puesto rabioso?

¿Alimento aborrecimientos y odio y tengo deseos de venganza?

¿CÓMO VA PROGESANDO MI CRECIMIENTO PERSONAL EN LA VIDA CRISTIANA?

¿Reflexiono sobre el cielo y tengo esperanza de llegar a la vida eterna con Dios?

¿Rezo con frecuencia? ¿Leo la Palabra de Dios, la Santa Biblia, y medito en lo que me dice?

¿Recibo los sacramentos de la Penitencia y la Sagrada Eucaristía con regularidad?

¿Trato de vivir limpio en mis pensamientos, palabras, deseos, y acciones?

¿Procuro vivir lejos de literatura indecente, películas obscenas, y malos compañeros, etc.?

¿Sé cómo hacer pequeños actos de sacrificio y abnegación?

¿Trato de dominar de verdad mis vicios y pecados? ¿Trato de admitir mis errores? ¿O acaso he sido soberbio, pretensioso, exigente con los demás?

¿Soy perezoso? ¿Malgasto mi tiempo?

¿Empleo mis talentos y tiempo para ayudar a los demás, tal como lo hizo Jesús?

¿Sé aceptar de buen grado los fracasos y las penas?

PECADO PERSONAL

¿QUÉ ES EL PECADO?

El pecado es desobedecer la ley de Dios. Una persona comienza a poder cometer pecado cuando llega a lo que se llama el "uso de razón"; la edad de razonar (ordinariamente a los siete años o aún antes). Una persona que está retardada seriamente no puede pecar y así no necesita el sacramento de la Penitencia.

¿QUÉ ES EL PECADO ACTUAL?

El pecado actual es el pecado personal, el que nosotros mismos cometemos.

¿HAY DIFERENTES CLASES DE PECADO PERSONAL O ACTUAL?

Hay dos clases de pecado personal o actual: el pecado mortal y el pecado venial.

¿QUÉ ES EL PECADO MORTAL?

El pecado mortal es una ofensa grave cometida contra la ley de Dios.

¿CÓMO PODEMOS SABER SI UN PECADO ES MORTAL?

Un pecado es mortal si:

—se trata de materia grave;

—antes o al tiempo de cometerlo, la persona sabía claramente que se trataba de algo grave. La persona sabe que es algo gravemente malo si, al tiempo en que decida cometer el pecado, se da cuenta o por lo menos sospecha que tal acción es gravemente pecaminosa. Lo que es gravemente pecaminoso, erróneo o malo, se conoce como tal a través de la Sagrada Escritura, la Sagrada Tradición, las enseñanzas de la Iglesia y el dictamen de una razón recta.

—la persona lo hace con su libre y plena voluntad, es decir: con consentimiento. Una persona está plenamente consciente de hacer algo malo cuando libremente elige hacer el mal, aunque es totalmente libre para no hacerlo.

¿CUALES SON LOS EFECTOS DEL PECADO MORTAL?

El pecado mortal priva al pecador de la gracia santificante, la vida sobrenatural del alma; hace el alma enemiga de Dios; quita el mérito de las obras buenas; priva del derecho a la felicidad eterna en el cielo; y hace al que lo comete merecedor de los castigos eternos del infierno.

¿QUÉ DEBE HACER UNA PERSONA QUE HA COMETIDO UN PECADO MORTAL?

Una persona que ha cometido pecado mortal debe hacer un acto de contrición perfecto con intención de ir cuanto antes a recibir el sacramento de la Penitencia. Este acto restaura la gracia santificante. Pero la persona no puede recibir la Santa Comunión hasta que haya hecho una buena confesión.

¿HAY ALGUNOS REQUISITOS PARA LA CONFESION DE LOS PECADOS MORTALES?

Los requisitos para la confesión de los pecados mortales son los siguientes: la persona debe declarar qué clase de pecados ha cometido y—en cuanto sea posible—cuántas veces se cometieron, así como las circunstancias que puedan cambiar la naturaleza de ellos.

¿SE PUEDE AFIRMAR CORRECTAMENTE QUE DIOS ES RESPONSABLE POR LOS PECADOS PERSONALES QUE SE COMETEN, PUESTO QUE ES

DIOS EL QUE PERMITE QUE LOS HOMBRES TEN-
GAN TENTACIONES?

Nadie puede afirmar correctamente que Dios es
responsable por los pecados personales de los hombres
porque Dios es infinitamente bueno y santo, y porque
todo aquel que reza recibe de Dios gracias y fuerzas
suficientes para superar las tentaciones. La Santa Biblia
dice así,

"No digas: 'El Señor tiene la culpa de haber dejado yo el
recto camino': porque el no hace lo que aborrece. No digas: 'El
fue quien me extravió": porque El no necesita a ningún pecador'" (Ecl 15,11-12).

¿QUÉ ENSEÑA LA FALSA TEORIA LLAMADA "LA ETICA DE LA SITUACION"?

La ética de la situación enseña que no existe ningún
código moral fijo que fue dado a los hombres por el
Creador. Sostiene que los hombres mismos deben hacer
sus propias elecciones morales (escoger hacer el bien o
el mal) según una situación particular determinada—
esto es, lo que es recto o lo mejor hacer en este
momento para sí mismos. Esta teoría falsa abre la
puerta a la práctica de acciones gravemente pecaminosas, y conduce a las personas que la siguen a caer en la
desesperación, pues la mente humana no puede sufrir
por largo tiempo la presión mental de llamar a asuntos
que son gravemente pecaminosos, solo 'materia ligera.'

¿QUÉ ENTENDEMOS POR EL ABUSO DE LO QUE SE LLAMA LA "OPCION FUNDAMENTAL"?

Designamos por esta expresión el abuso de que si
un hombre bueno hace alguna cosa gravemente
pecaminosa, ese acto particular no es gravemente
pecaminoso para él. Un acto gravemente pecaminoso
(es decir, un pecado mortal) no es suficientemente serio
para separarlo de Dios; pero una serie de acciones
gravemente prohibidas lo separarán de Dios. Esta
enseñanza es falsa y no es lo que la Iglesia enseña

respecto del pecado, de la libre voluntad del hombre y, también, de la responsabilidad personal que él tiene por sus acciones.

¿QUÉ ES EL PECADO VENIAL?

Un pecado es venial cuando falta alguna de las condiciones requeridas para el pecado mortal, por ejemplo: el pensamiento, deseo, palabra, obra u omisión son malos, pero no seriamente, o son seriamente malos pero la persona no lo percibe claramente, o no presta pleno consentimiento.

¿NOS TRAE ALGUN DAÑO EL PECADO VENIAL?

El pecado venial nos daña al hacernos descuidados en cuanto a Dios y a nuestra Fe Católica. Nos debilita también cuando nos ponemos frente a pecado grave, y nos hace merecedores de los castigos de Dios en esta vida y en el purgatorio.

¿DEBEMOS TENER EMPEÑO EN EVITAR LOS PECADOS VENIALES?

Debemos tener empeño en evitar los pecados veniales porque aunque no destruyen la vida de la gracia, ofenden a Dios, y debilitan nuestra amistad con El. Los pecados veniales también disponen a nuestra alma al pecado mortal y nos ganan por algún tiempo el castigo temporal, ya sea en esta vida o en la vida que viene.

¿QUÉ SON LOS PECADOS DE OMISION?

Los pecados de omisión son la falta de hacer algo que realmente debemos hacer.

¿SON PECADOS VENIALES O MORTALES, LOS PECADOS DE OMISION?

Los pecados de omisión pueden ser mortales o veniales según sea la falta, lo que debiera haberse hecho y no se hizo.

¿CUÁLES SON LAS RAZONES PRINCIPALES POR LAS QUE SE COMETE EL PECADO?

Las razones principales por las que los hombres cometen pecados se enraízan en los siete pecados capitales.

¿CUÁLES SON LOS SIETE PECADOS CAPITALES?

Los siete pecados capitales son: soberbia, avaricia, lujuria, ira, gula, envidia, y pereza. Soberbia es el amor desordenado e incontrolable de uno mismo. Avaricia es el deseo excesivo por los bienes de la tierra. Lujuria es el deseo sexual desordenado e incontrolado. Ira es la pasión fuerte y no dominada de desagrado. Gula es la indulgencia o satisfacción excesiva en comidas y bebidas. Envidia es dolor por la buena fortuna de nuestro prójimo. Pereza es un decaimiento espiritual, mental o físico que lleva a una persona a descuidar sus obligaciones.

¿POR QUÉ MOTIVOS NOS RECOMPENSARA DIOS?

Dios nos recompensará por todas nuestras victorias sobre la tentación y el pecado, por todas nuestras buenas obras y sacrificios hechos por amor a El y por todos los esfuerzos que hagamos al procurar vivir más cerca de El.

"Como el cuerpo sin el alma está muerta, así también la fe sin las obras está muerta" (Sant 2,26).

¿CUÁLES SON LOS CUATRO PECADOS QUE CLAMAN AL CIELO POR LA VENGANZA?

Los cuatro pecados que claman al cielo por la venganza son:

—homicidio voluntario
—sodomía
—aprovecharse de los pobres al explotarlos
—defraudar a los obreros de su sueldo.

¿QUÉ ENTENDEMOS POR LOS NOVISIMOS?

Los cuatro novísimos son la muerte, el juicio, el cielo y infierno.

¿CUÁLES SON LOS SEIS PECADOS CONTRA EL ESPIRITU SANTO?

Los seis pecados contra el Espíritu Santo son:

1. desesperación de la propia salvación

2. presunción de la salvación propia, obtenida sin méritos ni arrepentimiento
3. resistencia a la verdad conocida
4. envidia por las gracias recibidas por otros
5. obstinación en los propios pecados
6. impenitencia final.

¿QUÉ ES LA OCASION DE PECADO?

La ocasión de pecado es cualquier circunstancia, persona, lugar, objeto que nos puede llevar a cometer pecado.

INDULGENCIAS

"La indulgencia es la remisión ante Dios de la pena temporal por los pecados, ya perdonados en cuanto a la culpa, que un fiel dispuesto y cumpliendo determinadas condiciones, consigue por mediación de la Iglesia, la cual, como administradora de la redención, distribuye y aplica con autoridad el tesoro de las satisfacciones de Cristo y de los Santos" (Canon 992).

¿QUÉ ES UNA INDULGENCIA?

Una indulgencia es la remisión de alguna o de toda la pena temporal que tendríamos que sufrir, ya sea en esta vida o en el purgatorio.

¿CUÁNTAS CLASES DE INDULGENCIAS HAY?

Hay dos clases de indulgencias: plenarias y parciales.

¿QUÉ ES LA INDULGENCIA PLENARIA?

La indulgencia plenaria es la remisión de todos los castigos temporales que una persona tiene que sufrir por los pecados ya perdonados, ya sea en esta vida o en el purgatorio.

¿QUÉ ES LA INDULGENCIA PARCIAL?

La indulgencia parcial es la abreviación o reducción de algunos de los castigos temporales debidos a los pecados ya perdonados. Se puede ganar una indulgencia parcial más de una sola vez el mismo día, y puede también aplicarse en sufragio de las almas del purgatorio.

¿QUÉ ES LA PENA TEMPORAL DEBIDA A NUESTROS PECADOS?

La pena temporal debida a nuestros pecados es el castigo que cada uno de nosotros está obligado a padecer por algún tiempo, ya sea en esta vida o en el purgatorio, por los pecados ya perdonados.

¿POR QUÉ TENEMOS QUE SUFRIR "CASTIGOS" POR LOS PECADOS YA PERDONADOS?

Tenemos que paceder "castigos" por los pecados perdonados por causa de la gravedad y maldad del pecado; también en razón de la majestad infinita de Dios a quien hemos ofendido.

¿CÓMO ES QUE TIENE LA IGLESIA LA POTESTAD DE PODER CONCEDER INDULGENCIAS?

La Iglesia tiene la potestad de poder conceder indulgencias porque distribuye de su tesoro espiritual "el valor infinito e inagotable que tienen la expiación y los méritos de Cristo Nuestro Señor ante Dios, ofrecidos por todos los hombres para que fueran libres del pecado y obtuvieran la comunión con el Padre" (Constitución Apostólica sobre las Indulgencias, n. 5).

¿DE QUÉ MODO REMITE O PERDONA LA IGLESIA POR MEDIO DE LAS INDULGENCIAS LA PENA TEMPORAL DEBIDA AL PECADO?

La Iglesia remite la pena o castigo temporal debida al pecado al aplicarnos de su tesoro de gracias una parte de las satisfacciones infinitas de Jesús (Vea Rom 5,15-21; 1 Tim 2,5-6; 1 Jn 2,1-2).

¿PODEMOS GANAR INDULGENCIAS POR OTRAS PERSONAS?

No podemos ganar indulgencias por otras personas vivas, pero sí podemos ganarlas por las almas del purgatorio. En el Antiguo Testamento Judas Macabeo:

"Mandó ofrecer aquella expiación por los muertos, para obtener la absolución de sus pecados" (2 Mac 12,4).

¿COMPRENDE TAMBIEN "EL TESORO DE LA IGLESIA" LAS BUENAS OBRAS DE LA BIENAVENTURADA VIRGEN MARIA Y DE TODOS LOS SANTOS?

El "tesoro" de la Iglesia comprende también el valor verdaderamente inmenso, inimaginable y siempre prístino ante Dios de las oraciones y buenas obras de la Bienaventurada Virgen María y de todos los Santos, que siguiendo las huellas de Cristo Señor y con Su gracia, santificaron sus vidas y cumplieron la misión que el Padre les encomendó" (Ap. Const. sobre las Indulgencias, n. 5).

¿POR QUÉ CONCEDE LA IGLESIA INDULGENCIAS?

La Iglesia concede indulgencias como uno de los modos especiales de aplicar los frutos de la redención del Señor a los fieles y de llevarlos a cooperar en la salvación de sus hermanos" (Ap. Const. sobre las Indulgencias, n. 6).

¿ES EL UNICO FIN DE LAS INDULGENCIAS AYUDAR A LOS FIELES A HACER UNA SATISFACCION POR EL CASTIGO DEBIDO POR EL PECADO?

Además de ayudar a los fieles a expiar y satisfacer la pena debido al pecado, la Iglesia les "urge vivamente también, a hacer obras de piedad, penitencia y caridad—especialmente aquellas obras que ayudan al crecimiento en la fe y favorecen el bien común" (Ap. Const. sobre las Indulgencias, n. 8).

¿ESTÁ CONFIRMADA LA FE EN LAS INDULGENCIAS POR LA AUTORIDAD Y MAGISTERIO DE LA IGLESIA?

La fe en las indulgencias ha sido confirmada por el magisterio de la Iglesia que "enseña y mantiene que el uso de las indulgencias debe preservarse porque es sumamente saludable al pueblo cristiano y aprobada por su autoridad por los sagrados concilios; y condena con anatema a aquellos que sostienen la inutilidad de las indulgencias o niegan el poder de la Iglesia para concederlas" (Constitución Apostólica sobre las Indulgencias, citando Denz. 1835).

¿LAS INDULGENCIAS QUE GANAN LOS FIELES PUEDEN SER APLICADAS A LOS FIELES DIFUNTOS?

Las indulgencias que ganan los fieles son aplicables a los difuntos, y cuando se ofrecen "en sufragio por los difuntos, promueven la caridad en un grado excelente y al paso que elevan sus mentes al cielo, traen orden muy prudente a las cosas de este mundo" (Constitución Apostólica sobre las Indulgencias, n. 8).

¿CON QUÉ FRECUENCIA PUEDE GANARSE UNA INDULGENCIA PLENARIA?

La indulgencia plenaria puede ganarse solamente una vez al día, excepto en caso de muerte.

¿CUÁLES SON LOS REQUISITOS NECESARIOS PARA GANAR UNA INDULGENCIA PLENARIA?

Para ganar una indulgencia plenaria "es necesario hacer el acto al que ha sido concedida la indulgencia y cumplir tres condiciones: confesión sacramental, Comunión eucarística y oración por las intenciones del Sumo Pontífice. Se requiere además renunciamiento a todo afecto al pecado, aun venial" (Norma n. 7).

¿QUÉ SUCEDE SI LOS REQUISITOS SUPRADICHOS NO SE CUMPLEN?

Si estos requisitos no se cumplen, la indulgencia será solamente parcial.

¿CUÁNDO PUEDEN CUMPLIRSE LAS CONDICIONES PARA GANAR UNA INDULGENCIA PLENARIA?

"Las tres condiciones pueden complirse varios días antes o después de hacer el acto prescrito para ganar la indulgencia; sin embargo es conveniente recibir la Santa Comunión y rezar las oraciones por las intenciones del Soberano Pontífice en el mismo día en que se hace el acto prescrito" (Norma n. 8).

¿CUÁNDO DEBE RECIBIRSE EL SACRAMENTO DE LA PENITENCIA PARA GANAR LA INDULGENCIA PLENARIA?

El sacramento de la Penitencia puede recibirse también varios días antes de ganar la indulgencia. De hecho: "Una sola confesión sacramental basta para ganar varias indulgencias plenarias, pero debe recibirse la Santa Comunión y rezar las oraciones por las intenciones del Sumo Pontífice para ganar cada indulgencia plenaria" (Norma n. 9).

¿CÓMO SE CUMPLE LA CONDICION DE ORAR POR EL SUMO PONTIFICE?

"La condición de rezar u orar por las intenciones del Sumo Pontífice se satisface en todo rezando un Padre Nuestro y un Avemaría; sin embargo los fieles quedan libres para rezar otras oraciones según su propia devoción y piedad por el Sumo Pontífice" (Norma n. 10).

¿PUEDEN LOS OBISPOS CONCEDER INDULGENCIAS PLENARIAS A SUS FIELES QUE VIVEN EN LUGARES EN DONDE ES IMPOSIBLE O POR LO MENOS MUY DIFICIL PARA ELLOS RECIBIR LOS SACRAMENTOS DE CONFESION Y COMUNION?

Los obispos "pueden conceder a los fieles sobre quienes tienen autoridad según ley canónica, y que viven en lugares en donde es imposible o por lo menos muy difícil para ellos recibir los sacramentos de confesión y Comunión, el permiso para ganar la indulgencia plenaria sin recibir confesión y Comunión siempre que tengan dolor de sus pecados y tengan la intención de recibir estos sacramentos tan pronto como les sea posible" (Norma n. 11).

¿PUEDE GANARSE LA INDULGENCIA PLENARIA EN EL DIA DE LOS DIFUNTOS, EL 2 NOVIEMBRE?

"Una indulgencia plenaria aplicable solamente a los difuntos puede ganarse en todas las iglesias y oratorios públicos—y en los oratorios semipúblicos por aquellos a quienes se concedió el derecho de tener dicho oratorio— el día 2 de noviembre" (Norma n. 15).

¿QUÉ CLASE DE INDULGENCIA RECIBEN LOS FIELES QUE UTILIZAN CON DEVOCION UN OBJETO DE PIEDAD BENDECIDO ESPECIALMENTE POR UN SACERDOTE?

"Los fieles que usan o emplean con devoción cualquier objeto de piedad (crucifijo, cruz, rosario, escapulario o medalla bendecida debidamente por algún sacerdote, pueden ganar una indulgencia parcial" (Norma n. 17).

¿CUÁNDO PUEDE USARSE UN OBJETO DE PIEDAD, COMO LOS MENCIONADOS EN LA PREGUNTA ANTERIOR, PARA GANAR UNA INDULGENCIA PLENARIA?

Un objeto de piedad si ha sido bendecido por el Papa o un obispo puede usarse para ganar una indulgencia plenaria "en el día de fiesta de los santos Apóstoles Pedro y Pablo, con la condición de que los que ganan la indulgencia plenaria hagan también un acto de fe empleando para ello una fórmula legítima" (Norma n. 17).

¿QUÉ SON LOS SACRAMENTALES?

"Los sacramentales son signos sagrados, por los que, a imitación en cierto modo de los sacramentos, se significan y se obtienen por intercesión de la Iglesia unos efectos principalmente espirituales" (Canon 1166).

¿QUÉ SON LOS SACRAMENTALES?

Los sacramentales son cosas o acciones santas por medio de los cuales la Iglesia pide a Dios que nos conceda favores, principalmente favores espirituales. La Sagrada Escritura describe cómo Dios dijo a Su pueblo escogido que usara cosas materiales como ceniza y agua en la Antigua Ley (Vea: Jn 3,14-15; Nm 19,1-22; Nm 21,4-9).

¿NOS OBTIENEN DE DIOS BENDICIONES Y FAVORES LOS SACRAMENTALES?

Los sacramentales obtienen efectivamente favores divinos por medio de las oraciones del Pueblo de Dios que se ofrecen por los que usan los sacramentales, y también en razón de la devoción que ellos inspiran.

¿CUÁLES SON ALGUNOS TIPOS DE SACRAMENTALES?

Algunos sacramentales son:

—bendiciones dadas por un sacerdote, obispo o el Papa;

"Cuando lleguéis a una casa decidles primero; la paz sea con esta casa. 'Si hubiere allí algún hijo de paz, vuestra paz descansará sobre él. Si no, se volverá a vosotros' " (Lc 10, 5-6).

—exorcismos y expulsión de los espíritus malos;

"Después reunió Jesús a los Doce y les dio poder y autoridad sobre todos los demonios, y el poder de curar enfermedades" (Lc 9,1).

—artículos piadosos que han sido bendecidos.

¿CUÁLES SON LOS ARTICULOS PIADOSOS MAS USADOS ENTRE LOS FIELES?

Los artículos piadosos más usados entre los fieles son: rosarios, reliquias, medallas, crucifijos, escapularios, imágenes de Jesús, María y los santos, cenizas, ramos, velas.

¿TRAEN BUENA SUERTE LOS SACRAMENTALES?

Nunca debe considerarse ni pensarse que los sacramentales son como amuletos que traen buena suerte, ni deben ser considerados como artículos de superstición. Por ejemplo, nadie puede llevar una vida de inmoralidad precisamente porque cree que el escapulario o la medalla que lleva le otorgará la gracia de la conversión antes de la muerte.

¿QUÉ ES UN ESCAPULARIO?

El escapulario consiste de dos pequeñas piezas de tela sujeta con cintas y que se lleva por el cuello, al frente y por detrás. El escapulario más común y usado es en honor de la Santísima Virgen María bajo su advocación de Nuestra Señora del Carmen. Se puede llevar por el cuello el escapulario-medalla en lugar del escapulario de tela.

¿QUÉ SON LAS BENDICIONES?

Las bendiciones son las palabras y acciones por medio de las que una cosa o una persona son puestas bajo el cuidado especial de Dios.

¿QUÉ ES EL AGUA BENDITA?

El agua bendita, o agua bendecida por el sacerdote, es aquel sacramental que nos recuerda nuestro bautismo y puede, si se usa con disposiciones sinceras y verdaderas, conceder la remisión de los pecados veniales y fortalecernos contra las tentaciones y peligros espirituales y corporales.

¿POR QUÉ HACEMOS LA SENAL DE LA CRUZ CON AGUA BENDITA CUANDO ENTRAMOS Y CUANDO SALIMOS DE LA IGLESIA?

Hacemos la señal de la cruz con agua bendita al entrar y salir de la Iglesia para recordar nuestro compromiso bautismal y nuestras promesas.

¿CÓMO SE DISTINGUEN LOS SACRAMENTALES DE LOS SACRAMENTOS?

Los sacramentales se distinguen de los sacramentos de la siguiente manera, los sacramentos confieren la gracia directamente por la acción de Jesús, al paso que los sacramentales nos ayudan indirectamente a obtener la gracia de Dios.

¿CUÁL ES EL FIN Y PROPOSITO DE LAS VELAS BENDITAS?

Las velas se encienden para que sirvan como testimonio de nuestra devoción a Jesús que, por Su gracia, es luz y vida de los hombres.

¿CUÁL ES EL FIN DE LAS CENIZAS BENDITAS?

Se usan especialmente las cenizas benditas el Miércoles de Ceniza, el primer día de la Cuaresma. Se hace la señal de la cruz con la ceniza en nuestra frente para recordarnos que debemos llevar una vida buena y hacer penitencia porque un día moriremos.

¿PARA QUÉ SIRVEN LOS CRUCIFIJOS, MEDALLAS, ESCAPULARIOS, ESCULTURAS RELIGIOSAS Y ESTAMPAS DE LOS SANTOS?

Los crucifijos, medallas, escapulario e imágenes de santos sirven como recuerdos de las verdades de nuestra santa Fe, el cielo, etc.

¿REZAMOS A LAS IMAGENES RELIGIOSAS?

No, no rezamos a las estatuas e imágenes. Rezamos sí, a la persona que está en el cielo a quien la imagen representa.

¿PARA QUÉ SIRVEN LAS CUENTAS DEL ROSARIO?

Las cuentas del rosario son como "cuentas de oración" que, cuando están bendecidas, quedan enriquecidas con muchas indulgencias concedidas a los que rezan las oraciones prescritas. Dichas cuentas se usan para rezar la "Oración del Evangelio" compuesta del Padre Nuestro, Ave María y Glorias, en que meditamos en los eventos importantes de la vida de Jesús y de María. (Vea las páginas dedicadas a Oraciones en el comienzo del Catecismo para informarse en cuanto al rezo del Santo Rosario.)

Los Diez Mandamientos

¿QUÉ ES LA CONCIENCIA?

¿QUÉ ES LA CONCIENCIA?

La conciencia es un juicio práctico (decisión) que hacemos de que algo es correcto o erróneo de acuerdo con la ley y voluntad de Dios.

¿QUÉ ES NECESARIO HACER PARA TENER UNA CONCIENCIA RECTA?

Para formar una conciencia recta lo primero que se debe hacer es conocer la ley de Dios (la ley natural para todos los hombres, que está contenida en los Diez Mandamientos y perfeccionada por Jesús), las leyes de la Iglesia y también los respectivos deberes del Católico. Así, la propia conciencia expresará verdaderamente lo que es recto o lo que es erróneo en la situación particular en que uno se encuentre.

¿CÓMO PUEDE DEFINIRSE LA CONCIENCIA CON OTRAS PALABRAS?

"La conciencia es el núcleo más secreto y el sagrario del hombre, en el que éste se siente a solas con Dios, cuya voz resuena en el recinto más íntimo de aquélla. En lo más profundo de su conciencia descubre el hombre la existencia de una ley que el no se dicta a sí mismo, pero a la cual debe obedecer y, cuya voz resuena cuando es necesario, en los oídos de su corazón, advirtiéndole que debe amar y practicar el bien y que debe evitar el mal: haz esto, evita aquello. Porque el hombre tiene una ley escrita por Dios en su corazón, en cuya obediencia consiste la dignidad humana y por la cual será juzgado personalmente" (Constitución Pastoral sobre la Iglesia en el Mundo Actual, n. 16).

¿CUÁLES SON LOS MANDAMIENTOS DE DIOS?

Los mandamientos de Dios son diez:
Yo soy el Señor tu Dios:
1. No tendrás otros dioses sino a mí.
2. No tomarás en vano el nombre del Señor, Dios tuyo.
3. Santificarás las fiestas.
4. Honrarás a tu padre y a tu madre.
5. No matarás.
6. No fornicarás
7. No robarás.
8. No levantarás falso testimonio ni mentirás.
9. No desearás la mujer de tu prójimo.
10. No codiciarás los bienes ajenos (Ex 20,1-17).

¿PUEDEN GUARDARSE TODOS LOS DIEZ MANDA-MIENTOS DE DIOS?

Sí, todos los Diez Mandamientos de Dios pueden guardarse y en todo tiempo, aun en medio de las tentaciones más intensas y fuertes, con la gracia de Dios que nunca niega al que lo invoca con todo el corazón.

"Si quieres puedes guardar los preceptos; está en tu mano el obrar con lealtad" (Ecl 15,15).

Y San Juan nos asegura:

"Este es el amor de Dios: la guarda de sus preceptos. Sus preceptos no son pesados" (1 Jn 5,3).

¿ESTAMOS OBLIGADOS A GUARDAR LOS MANDA-MIENTOS DE DIOS?

Sí, estamos obligados a guardar los mandamientos de Dios porque nos han sido ordenados por El que es nuestro Maestro Supremo, que nos los reveló, y están impresos en nuestra naturaleza e indicados por la recta razón. Mas bien que suprimir los mandamientos, Jesús vino a este mundo para hacerlos más perfectos.

"Mas el que los compliere y los enseñare, grande se la llamará en el Reino de los Cielos" (Mt 5,19).

¿CÓMO ESTAN DIVIDOS LOS DIEZ MANDAMIENTOS?

Los Diez Mandamientos se dividen de esta manera: los primeros tres nos muestran el modo en que debemos amar a Dios y los otros siete, el modo en que debemos amar a nuestro prójimo.

¿QUÉ DICE SAN PABLO EN CUANTO A LOS DIEZ MANDAMIENTOS?

San Pablo declara lo siguiente:

"En efecto, aquello de 'No cometerás adulterio, no matarás, no robarás, no codiciarás' y cualquier otro mandamiento que fuere, se resumen en este precepto: 'Amarás a tu prójimo como a tí mismo'" (Rom 13,9).

PRIMER MANDAMIENTO

¿CUÁL ES EL PRIMER MANDAMIENTO?

El primer mandamiento es éste,

"No seguiréis dioses extraños, los dioses de los pueblos circunvecinos: porque en medio de tí está el Dios celoso, el Señor tu Dios" (Dt 6,14-15).

¿QUÉ ESTAMOS OBLIGADOS A HACER POR EL PRIMER MANDAMIENTO?

Por el primer mandamiento estamos obligados a amar a Dios sobre todas las cosas y solo adorar a El. Adorar a Dios quiere decir rendirle el culto debido a nuestro soberano Creador y Señor, evitando los pecados de idolatría y sacrilegio.

"Escrito está: 'Adorarás al Señor tu Dios y a El sólo servirás'" (Lc 4,8).

¿QUÉ ES EL PECADO DE LA IDOLATRIA?

La idolatría es dar o rendir a una criatura el honor supreme reservado y debido solamente a Dios. El secularismo moderno es una especie de idolatría práctica por la cual se considera al hombre como el fin, propósito y meta de toda actividad humana.

"Temerás al Señor tu Dios, rendirás culto a El solo, y jurarás por su nombre" (Dt 6,13).

¿QUÉ ES EL PECADO DEL SACRILEGIO?

El sacrilegio es el abuso de personas, lugares o cosas consagradas a Dios y a Su servicio.

"En su corazón se dijeron: 'Destruyamos todo; inceniemos todo lugar santo del país' (Sal 74,8).

¿DE QUÉ OTRAS MANERAS PODEMOS DEJAR DE DAR A DIOS EL CULTO QUE SE LE DEBE?

Podemos dejar de dar a Dios el culto que se le debe si ponemos nuestra confianza excesivamente en muchas prácticas externas sin tener devoción interior. Esto es lo que constituye la superstición. No daríamos honor a Dios si atribuyésemos a las criaturas poderes que pertenecen solamente a Dios, como el dar creencia a horóscopos, sueños, consultas de esferas de cristal, amuletos, y objetos semejantes; por consultar a espiritistas, por hacer uso de magia; por practicar el satanismo, que es la invocación del demonio.

"No debe haber en tí ninguno que haga pasar por el fuego a su hijo o su hija, ningún adivino ni agorero, ni dedicado a sortilegios o a la magia, ni encantadores ni consultores del oráculo, ni zahories ni hechiceros, ni gente que consulte a los muertos" (Dt 18,10-11).

¿CÓMO RENDIMOS CULTO A DIOS?

Rendimos culto a Dios por medio de la oración pública y la oración privada, especialmente la Santa Misa o la Celebración Eucarística y con actos de fe, esperanza y caridad.

¿CUÁLES SON LAS RAZONES MAS IMPORTANTES QUE TENEMOS PARA REZAR?

Las razones más importantes que tenemos para rezar son, para adorar a Dios; para darle gracias;

para pedirle perdón y satisfacer por nuestros pecados, para pedirle ayuda divina para nosotros mismos y para nuestro prójimo.

¿CUÁL ES LA DIFERENCIA QUE HAY ENTRE LA ADORACION Y LA VENERACION?

La adoración es el culto que rendimos a Dios solo, como al Ser infinititamente santo y supremo; la veneración es el honor que damos a la Santísima Virgen María por ser Madre de Dios y a los ángeles y los santos por ser los amigos especiales de Dios.

¿DE QUÉ MANERA HONRA LA IGLESIA CATOLICA A MARIA LA MADRE DE DIOS?

La Iglesia Católica honra a María Madre de Dios con una clase especial de veneración en sus oraciones litúrgicas y devocionales, y anima enérgicamente a los fieles a que recen, imiten y amen intensamente a la Santísima Virgen.

¿POR QUÉ DA LA IGLESIA HONOR A LOS SANTOS?

La Iglesia da honor a los santos: 1) porque son los amigos escogidos de Dios; y al honrarlos a ellos honramos a Dios mismo; 2) porque por medio del ejemplo de sus vidas los santos nos animan a crecer en la fe, la esperanza y la caridad.

¿POR QUÉ HONRA LA IGLESIA A LOS ANGELES?

La Iglesia da honor a los ángeles porque ellos están constantemente adorando a la Santísima Trinidad, y porque son los mensajeros especiales de Dios que atienden a los hombres por el camino de la salvación.

¿AL VENERAR LA RELIQUIAS E IMAGENES SAGRADAS, REZAMOS A ELLAS O LAS ADORAMOS?

No rezamos ni adoramos las reliquias e imágenes sagradas, sino que honramos y rezamos a las personas que son representadas por ellas.

Oración—Comunicación con Dios

¿CÓMO NOS COMUNICAMOS CON DIOS?

Nos comunicamos con Dios por medio de la oración que es como una conversación personal con El.

"Dad gritos de júbilo ante Dios, Señor nuestro; aclamad al Dios de Jacob" (Sal 81,2).

¿CÓMO PODEMOS DESCRIBIR LA ORACION?

Podemos describir la oración como una conversación personal con Dios con la mente y el corazón y a menudo, también, con la voz. Jesús dijo,

"Venid a mí todos los que estáis fatigados y abrumados de la carga, y Yo os aliviaré" (Mt 11,28). (Vea también Mt 26,41; Jn 4,21-24; 16,24; 1 Pe 4,7.)

¿POR QUÉ ELEVAMOS A DIOS NUESTRAS ORACIONES?

Elevamos a Dios nuestras oraciones para alabarlo y adorarlo. Dios es nuestro Creador; nosotros Sus criaturas. Rezamos para agradecerlo todos Sus beneficios y gracias que nos ha concedido. Rezamos para pedirle perdón por nuestros pecados y para implorar Sus bendiciones y gracias de que tenemos mucha necesidad.

"Vivid continuamente alegres, orad sin cesar, dad gracias en toda ocasión. Esta es la voluntad de Dios en Cristo Jesús en cuanto a vosotros" (1 Tes 5,1-18).

¿QUÉ CLASES O CATEGORIAS DE ORACION SE ENCUENTRAN EN LA BIBLIA?

—Oraciones de alabanza:

"Santo, Santo, Santo, el Señor Dios omnipotente, que era, es y ha de venir!" (Ap 4,8)

—Oraciones de amor de Dios:

"Como el ciervo sediento ansía por agua corriente, así anhela mi alma por ti, Dios mío" (Sal 42,2).

—Oraciones de fe:

"Tú eres el Cristo, el Hijo de Dios vivo" (Mt 16,16).

—Oraciones de contrición y dolor:
"Señor, apiádate de mí, pecador!" (Lc 18,1)
—Oraciones de petición en tiempos de necesidad:
"Jesús, Hijo de David, compadécete de mí" (Lc 18,38).

¿CON QUÉ FRECUENCIA DEBEMOS REZAR?

Debemos rezar con frecuencia, cada día como dice San Pablo:
"Orad sin cesar, dad gracias en toda ocasión. Esta es la voluntad de Dios en Cristo Jesús, en cuanto a vosotros" (1 Tes 5,17).
Y declara además:
"Haced oración, rogando en todo tiempo con el Espíritu" (Ef 6,18).

¿CUÁL ES EL MODO SEGUN EL CUAL DEBEMOS REZAR?

Debemos rezar con fe, confiando siempre en la misericordia y el amor de Dios; debemos rezar con humildad, teniendo siempre presente quién es Dios y nuestra propia pequeñez; debemos rezar con atención, fervor y perseverancia.
"Velad y orad para que no entréis en tentación" (Mc 14,38).

¿POR QUIÉN DEBEMOS REZAR?

Debemos rezar por nosotros mismos, por los miembros de nuestra familia, parientes, amigos y vecinos; por nuestro prójimo, por el Santo Padre, los obispos, sacerdotes y religiosos; por los jefes de gobierno, legisladores, jueces y funcionarios públicos; por los pecadores, y los incrédulos, por las almas que están en el purgatorio, y aun por nuestros propios enemigos.
"Ante todo te recomiendo que se hagan súplicas, oraciones, peticiones y acciones de gracias por todo el género humano; por los reyes y demás gobernantes para que pasemos tranquila y pacíficamente la vida" (1 Tim 2,1-2).

¿ESCUCHA DIOS NUESTRAS ORACIONES?

Dios escucha todas nuestras oraciones y nos responde según y de acuerdo con los planes de su santa voluntad:

"Esta es la confianza que tenemos con Dios: que nos escucha cuando le pedimos cualquier cosa según su voluntad" (1 Jn 5,14).

¿CÓMO SABEMOS QUE DIOS ESCUCHA NUESTRA ORACION?

Sabemos que Dios escucha toda oración porque Jesús nos ha dicho lo siguiente:

"Pedid y se os dará; buscad y hallaréis; tocad y se os abrirá. Pues todo el que pide recibe; todo el que busca encuentra, y a todo el que toque se le abrirá" (Mt 7,7-8). (Veánse también: Mt 6,5-6; 6,25-27; 15,7-8; Lc 18,9-14; Jn 14,13; Jn 15,7; Jn 16,23-24; Heb 4,16; Heb 5,7; Sant 1,5-6; Sant 5,16; 1 Jn 5,14-15.)

¿SI DIOS ESCUCHA TODA ORACION POR QUE NO SIEMPRE OBTENEMOS LO QUE PEDIMOS?

No siempre obtenemos lo que pedimos en la oración de la manera en que esperábamos obtenerlo, ya sea porque no hemos rezado debidamente o sea porque Dios sabe que lo que pedimos no es para nuestro bien.

"Y recibiréis todo aquello que pidáis con fe, en la oración" (Mt 21,22).

¿POR QUÉ DEBE DIOS CONTESTAR NUESTRAS ORACIONES DE MODO DIFERENTE DE LO QUE NOSOTROS LE PEDIMOS?

Dios puede responder a nuestras oraciones de petición de una manera diferente de lo que hemos pedido porque El sabe lo que más nos conviene. Sabe además lo que mejor sirve para nuestro provecho y beneficio espiritual y aun corporal. Podemos rezar con el Salmista:

"Dios mío, no me abandones, ven pronto a socorrerme" (Sal 71,12).

¿POR QUÉ SUFRIMOS ALGUNAS VECES DISTRACCIONES CUANDO REZAMOS?

Sufrimos distracciones, a veces, cuando rezamos por causa de preocupaciones, ansiedades o el malestar corporal. Otras distracciones vienen del demonio. El esfuerzo que hacemos para superar las distracciones hace nuestra oración muy aceptable y agradable a Dios.

¿DEBEMOS REZAR EN TIEMPOS DE DIFICULTADES?

Debemos rezar en tiempos de dificultad, como escribe Santiago.

"¿Qué, alguno de vosotros está afligido? Que haga oración" (Sant 5,13).

BREVEMENTE, ¿CUÁNTAS CLASES DE ORACION EXISTEN?

Básicamente existen dos clases de oración: oración vocal y oración mental.

¿QUÉ ES LA ORACION VOCAL?

La oración vocal es aquella oración de la mente, corazón y boca que se expresa con palabras percibidas y habladas.

"Despliégame, Señor, los labios, y mi boca proclamará tu gloria" (Sal 51,15).

¿QUÉ ES LA ORACION MENTAL?

La oración mental es la oración silenciosa por la que una persona se une a Dios y pondera Sus verdades.

¿QUÉ ENTENDEMOS POR LA MEDITACION?

La meditación es una clase de oración mental (sin hablar) en la cual una persona, después de reflexionar en silencio, llega a fortalecer su resolución de llevar una mejor vida cristiana.

"Medita en lo que el Señor ordenó; estudia siempre sus mandatos. Es el Señor quien da penetración a tu cabeza; y se otorgará tu petición de sabiduría" (Ecl 6,37).

¿CUÁLES SON ALGUNAS ORACIONES QUE TODO CATOLICO DEBERIA SABER DE MEMORIA?

Las oraciones vocales que todo católico debería saber de memoria son: el Padrenuestro, Avemaría, Credo de los Apóstoles, Gloria, Actos de fe, esperanza y caridad, Acto de contrición, Ofrecimiento de la mañana, la Salve, el Angel de la Guarda, acción de gracias antes y después de las comidas, y el Descansen en paz por las almas del purgatorio.

¿POR QUÉ ES IMPORTANTE HACER ORACION EN COMUN ALGUNAS VECES?

Es importante hacer oración comunitaria algunas veces porque Jesús nos ha dicho:

"Porque cuando se reunen dos o tres en mi nombre, Yo estoy allí entre ellos" (Mt 18,20).

¿CUÁL ES LA ORACION COMUNITARIA MAS EXCELENTE?

La oración comunitaria más excelente es la Santa Misa.

¿QUÉ ES LA SEÑAL DE LA CRUZ?

La Señal de la cruz es la oración especial que nos recuerda dos misterios importantes de nuestra fe: el de la Santísima Trinidad y el de la Redención.

¿CUÁNDO HACEMOS DE ORDINARIO LA SEÑAL DE LA CRUZ?

De ordinario hacemos la Señal de la cruz cuando comenzamos y terminamos nuestras oraciones.

¿CÓMO EXPRESAMOS LOS MISTERIOS DE LA SANTISIMA TRINIDAD Y DE LA REDENCION AL HACER LA SEÑAL DE LA CRUZ?

Los misterios de la Santísima Trinidad y de la Redención se expresan de esta manera: cuando decimos "En el nombre," expresamos la verdad de que hay solamente un Dios. Cuando decimos, "del Padre, y del Hijo, y del Espíritu Santo, profesamos nuestra fe de que hay tres Personas distintas en un solo Dios. Cuando hacemos la forma de la cruz sobre nosotros, expresamos nuestra fe de que el Hijo de Dios hecho hombre nos redimió por Su muerte en la cruz.

¿QUÉ ES EL OFICIO DIVINO?

El Oficio divino es la oración comunitaria pública y oficial de la Iglesia Católica. La recitan diariamente los sacerdotes y religiosos. Las oraciones están contenidas en un libro que se titula *La Liturgia de las Horas.*

¿QUÉ ES UNA JACULATORIA?

Una jaculatoria es una oración breve. Se conoce también como una asperación.

¿QUÉ ES UNA NOVENA?

Una Novena o Novenario es una serie de oraciones especiales o devociones que se continúan sin interrupción por nueve días.

¿CUÁL ES EL FIN DE REZAR LAS ESTACIONES DE LA CRUZ?

El fin que se persigue al rezar las Estaciones de la Cruz es ponderar y reflexionar sobre la pasión de Jesús y lo que sufrió por nuestro amor. Esta práctica de devoción puede aumentar poderosamente nuestro compromiso personal con Jesús Nuestro Señor.

¿QUÉ ENTENDEMOS POR DEVOCION AL SAGRADO CORAZON DE JESUS?

La devoción al Sagrado Corazón nos hace honrar de un modo especial a nuestro Salvador Jesús, a causa de Su gran amor por nosotros que le llevó a entregar Su vida por nuestra salvación.

SEGUNDO MANDAMIENTO

¿QUÉ ORDENA EL SEGUNDO MANDAMIENTO DE LA LEY DE DIOS?

El segundo mandamiento de la ley de Dios es éste:
"No tomarás el nombre del Señor tu Dios en vano, pues el Señor no considerará como inocente al que tome el nombre del Señor su Dios en vano" (Ex 20,7).

¿QUÉ OBLIGACIONES NOS IMPONE EL SEGUNDO MANDAMIENTO?

El segundo mandamiento nos obliga a hablar siempre con reverencia de Dios, de la Santísima Virgen María, de los ángeles y de los santos.

"Bendito sea el nombre del Señor, desde ahora y para siempre" (Sal 113,2).

¿QUÉ OTRA COSA NOS PIDE EL SEGUNDO MANDAMIENTO?

El segundo mandamiento requiere también de nosotros que al hacer juramentos, seamos verídicos y fieles en guardar nuestras promesas.

¿POR QUÉ DEBEMOS HABLAR CON RESPETO DE PERSONAS, LUGARES Y OBJETOS SANTOS?

Debemos hablar con respeto de personas, lugares y cosas santas porque están consagradas a Dios.

¿PUEDEN SER EMPLEADAS LAS PALABRAS DE LA SAGRADA ESCRITURA EN UN SENTIDO MALO O MUNDANO?

Las palabras de la Sagrada Escritura nunca pueden emplearse en un sentido malo o mundano. Tampoco pueden ponerse en ridículo o empleadas en broma, ni debe darse a dichas palabras otro significado que el que fue intentado por Dios, como nos dice la Fe.

¿QUÉ SIGNIFICA LA PROFANIDAD?

La profanidad es el uso irreverente del nombre de Dios, de Cristo o de los santos por razón de impaciencia, broma, sorpresa, o hábito.

¿QUÉ ES EL JURAMENTO?

El juramento es la declaración delante de Dios de que lo que afirmamos es la verdad.

"Los hombres juran por alguno más grande que ellos, y el fin de todos sus litigios es el juramento, el qual les sirve de garantía" (Heb 6,16).

¿SE PERMITE HACER JURAMENTOS?

Se permite hacer un juramento porque es la garantía de la verdad que se afirma.

¿CUÁLES SON LAS CONDICIONES QUE HACEN EL JURAMENTO PERMISIBLE?

Las condiciones que hacen que el juramento sea según la ley de Dios son: 1) razón suficiente de hacer tal juramento; 2) convencimiento de que estamos afirmando la verdad; 3) que la intención, al hacer el juramento; no sea pecaminosa.

"Y si juras, 'Vive el Señor,' con sinceridad, con rectitud y justicia, las naciones dirán que en El son benditas y en El pondrán su gloria" (Jer 4,2).

¿EN QUÉ OCASION DETERMINADA SE NOS PERMITE HACER UN JURAMENTO?

Se puede hacer un juramento cuando se trata de la gloria de Dios, el bien de nuestro prójimo o nuestro propio bien personal.

¿NOS OBLIGA UN JURAMENTO O VOTO HECHO EN CONTRA DE LA LEY DE DIOS?

Un juramento o voto hecho contra la ley de Dios no obliga. No deben hacerse tales juramentos o votos; el cumplirlos sería pecaminoso.

¿QUÉ ES EL PERJURIO?

El perjurio es invocar el nombre de Dios y llamarlo para ser testigo de una mentira. Se comete también el perjurio cuando, al mismo tiempo que se hace juramento, se confirma con certeza alguna cosa que es desconocida o dudosa.

"No seas perjuro en mi nombre: no profanarás el nombre de tu Dios" (Lev 19,12).

¿QUÉ ES LA BLASFEMIA?

La blasfemia es toda palabra, pensamiento o acción que muestra desprecio por Dios, la Santísima Virgen, los ángeles, los santos o la religión.

"Y el que blasfemare el nombre del Señor muera irremediablemente. El que blasfemare el nombre del Señor muera sin remedio" (Lev 24,16).

¿CUÁLES SON LAS DOS CONDICIONES NECESARIAS PARA QUE SE DE CASO DE BLASFEMIA?

Las dos condiciones necesarias para que haya blasfemia son, 1) conocimiento de Dios y de las cosas sagradas; 2) desprecio deliberado de Dios y las cosas santas.

¿QUÉ ES MALDECIR?

La maldición es desear e invocar para que venga algún mal sobre alguna persona, lugar o cosa.

"Quería la maldición; que le caiga. No quería la bendición: que se le aparte" (Sal 109,17).

¿ES PECAMINOSA LA MALDICION DE ANIMALES Y COSAS INANIMADAS?

La maldición de animales y cosas inanimadas es pecaminosa solamente a causa de la falta de virtud demostrada en el acto de ira incontrolada e impaciencia.

¿ES PECAMINOSO MALDECIR A ALGUNA PERSONA DESEANDOLE MAL MORAL?

El maldecir a alguna persona, acompañada dicha maldición del deseo de mal moral, es siempre un acto pecaminoso según el grado de intención al desear el mal espiritual.

¿ES PECAMINOSO MALDECIR A UNA PERSONA DESEANDOLE MAL CORPORAL?

Maldecir a alguna persona, acompañando la maldición de mal corporal, es siempre un acto pecaminoso, a menos que la intención sea el bienestar espiritual de la persona o de otro. Maldecir por malicia, siempre es un acto pecaminoso y la gravedad de él depende del mal que se intenta.

¿QUÉ ES UN VOTO?

Un voto es una promesa libre y deliberadamente hecha a Dios por la cual una persona se liga o se obliga bajo pena de pecado a hacer algo que es posible, moralmente bueno, y mejor que la omisión voluntaria del acto contrario.

"Cuando hagas un voto al Señor tu Dios, no tardes en cumplirlo; ...porque El te lo exigirá ciertamente, y pecarías. Pero no pecarás si te guardas de prometer; cumplirás lo que hayan dicho tus labios, haciendo fielmente lo que prometiste al Señor tu Dios" (Dt 23, 22-24).

¿CUÁNTAS CLASES DE VOTOS EXISTEN?

Hay dos clases de votos: votos públicos que son aceptados como tales en nombre de la Iglesia por el legítimo superior religioso y los votos privados que se hacen directamente a Dios por la persona misma.

¿QUÉ SON LOS VOTOS PERSONALES?

Los "votos personales" son los que se refieren a las acciones que una persona va a ejecutar para cumplir un voto ya hecho.

¿QUÉ SON "VOTOS CONCRETOS"?

Un voto concreto se refiere a aquel voto por el que se promete a Dios un objeto o cosa física.

¿CUÁLES SON LOS VOTOS QUE SE HACEN CON MAS FRECUENCIA?

Los votos que se hacen con más frecuencia son los votos de pobreza, castidad y obediencia que toman las personas que viven en comunidades religiosas o llevan una vida consagrada a Dios. Algunas veces se permite a personas que viven en el mundo hacer tales votos, pero debe hacerlos solamente contando con el consentimiento de su propio confesor.

¿HAY ALGUNA DIFERENCIA ENTRE VOTOS Y MERAS PROMESAS?

Las promesas se hacen simplemente para uno mismo o a otros, mientras que el voto es una promesa hecha con conocimiento y deliberación a Dios.

¿QUÉ DEBERIAMOS RECORDAR ANTES DE HACER UN VOTO?

Antes de hacer un voto debería recordarse que el voto se hace a Dios y por tanto la persona queda obligada a cumplir lo que promete.

"Cuando hagas un voto a Dios no vayas a retardar su cumplimiento; porque a Dios no le gustan los necios" (Eccl 5,3).

¿PODEMOS DESCUIDAR Y NO ATENDER AL CUMPLIMIENTO DE NUESTROS VOTOS?

No podemos descuidar y tratar a la ligera el cumplimiento de nuestros votos. Sería pecaminoso hacer tal cosa, y la gravedad sería mayor o menor según la naturaleza del voto hecho y la intención que tuvimos al hacerlo.

TERCER MANDAMIENTO

¿QUÉ DICE EL TERCER MANDAMIENTO?

El tercer mandamiento dice:

"No olvides que debes santificar el día del sábado" (Ex 20,8).

"Adorad al que hizo el cielo, la tierra, el mar y las corrientes de las aguas" (Ap 14,7).

¿QUÉ SE NOS MANDA CUMPLIR EN VIRTUD DEL TERCER MANDAMIENTO?

Por el tercer mandamiento se nos manda adorar a Dios en el domingo y días de precepto al participar en el Santo Sacrificio de la Misa. Podemos asistir a Misa el sábado por la noche para cumplir la obligación.

El católico que por descuido falta a Misa en domingo (o sábado por la noche) o en día de precepto, comete un pecado mortal.

¿QUÉ NOS MANDA EVITAR EL TERCER MANDAMIENTO?

Por el tercer mandamiento debemos abstenernos de hacer tal clase de trabajo o negocios que impidan el culto que debemos rendir a Dios, la alegría que es propia del día del Señor, o el debido descanso de mente y cuerpo.

¿QUÉ ES LA MISA?

La Misa es el sacrificio del Calvario hecho presente en nuestros altares para que podamos compartir y participar en los beneficios de la Redención: es el memorial de la muerte y resurrección de Cristo; es el sagrado banquete en que recibimos a Cristo. (Véase la sección completa sobre la Misa.)

¿CUÁL ES EL MEJOR MODO DE PARTICIPAR EN EL SANTO SACRIFICIO DE LA MISA?

El mejor modo de participar en el santo Sacrificio de la Misa es ofrecerla a Dios en unión con el sacerdote, uniéndose interior y exteriormente a Cristo la Víctima, y recibiéndole en la santa Comunión.

¿CÓMO SE EXPRESA LA UNIDAD DEL PUEBLO DE DIOS EN LA MISA?

Se expresa la unidad del Pueblo de Dios en la Misa por medio de las acciones de los fieles que rezan, cantan y actúan en común en la Misa. Sobre todo ésta unidad se expresa por medio de la recepción de la Sagrada Eucaristía que es el centro de la unidad.

¿POR QUÉ SE HA DESIGNADO EL DOMINGO COMO DIA ESPECIAL?

El domingo se ha designado como día especial por una tradición que viene del tiempo de los Apóstoles y que tuvo su origen el mismo día de la Resurreción de Cristo. Este día lleva el nombre, el Día del Señor o domingo. (Vea *Constitución sobre la Liturgia,* no. 106.)

¿NO PODRIAMOS ADORAR A DIOS EN NUESTRO CORAZON, INTERIORMENTE, EN LUGAR DE PARTICIPAR EN LA MISA?

No, no es suficiente el culto interior. Dios creó el hombre dotándole de cuerpo y alma. De aquí resulta que el hombre debe dar culto a Dios con ambos, cuerpo y alma, es decir, interior y exteriormente. Este culto da también buen ejemplo a los demás. Además, al participar en la Misa con los demás fieles glorificamos a Dios como seres sociales.

¿QUÉ ACTIVIDADES HUMANAS SON CONVENIENTES ESPECIALMENTE EN LOS DOMINGOS Y DIAS DE GUARDAR?

Las actividades que renuevan nuestra alma y cuerpo son especialmente convenientes; por ejemplo: la lectura de libros buenos, el hacer obras de caridad, la cultivación y promoción de asuntos culturales y el recreo sano.

CUARTO MANDAMIENTO

¿QUÉ DICE EL CUARTO MANDAMIENTO DE LA LEY DE DIOS?

El cuarto mandamiento de la ley de Dios dice:

"Honra a tu padre y a tu madre, para que vivas largos años en la tierra..." (Ex 20,12).

"Vosotros, hijos, obedeced en el Señor a vuestros padres, porque eso es justo, siendo el primer mandamiento con promesa: 'Honra a tu padre y a tu madre para que te vaya bien y vivas largo tiempo sobre la tierra' " (Ef 6,1-3).

¿QUÉ PROHIBE EL CUARTO MANDAMIENTO?

El cuarto mandamiento prohibe toda falta de respeto, cortesía, testarudez, mala voluntad, quejas y desobediencia hacia nuestros padres y autoridades legítimas.

¿QUÉ NOS OBLIGA A CUMPLIR EL CUARTO MANDA- MIENTO?

El cuarto mandamiento nos ordena amar a nuestros padres, a respetarlos y obedecerlos en todo lo que no sea contrario a la ley de Dios y a ayudarlos en todas sus necesidades.

¿CUÁL ES LA FUENTE Y BASE DE LA AUTORIDAD DE LOS PADRES?

Dios mismo es la fuente de la autoridad de que gozan los padres, y por consiguiente, los hijos tienen una estricta obligación moral de obedecerlos y cuidar de ellos.

¿CÓMO DEMUESTRAN LOS HIJOS SU AMOR Y RESPETO PARA CON SUS PADRES?

Los hijos demuestran su amor y respeto para con sus padres al hablar y obrar con gratitud al esforzarse en agradarles, al aceptar con docilidad las correcciones, al pedir su consejo en cuanto a las decisiones importantes de la vida, al llevar con paciencia las faltas de sus padres y al rezar por ellos.

"Quienquiera que honre a su padre, sus pecados. expía, y quienquiera que respeta a su madre es como uno que guarda un tesoro" (Ecl 3,4).

¿ESTAMOS OBLIGADOS A OBEDECER Y A RESPE- TAR A OTRAS PERSONAS QUE NO SEAN NUES- TROS PADRES?

Además de nuestros padres, el cuarto mandamiento nos obliga a respetar a nuestros maestros y superiores legítimos, de orden civil o eclesiástico, cuando desempeñan sus funciones oficiales de acuerdo con las leyes de Dios.

"Que toda alma se someta a las autoridades constituídas, porque no hay autoridad que no venga de Dios; y las que hay han sido establecidas por Dios. De manera que quien se rebela contra autoridad, resiste al orden de Dios..." (Rom 13, 1-2).

¿ESTÁN LOS HIJOS OBLIGADOS A OBEDECER A SUS PADRES RESPECTO A LA ELECCION DE UN ESTADO DE VIDA?

De ordinario los hijos deberían pedir a sus padres consejo y guía sobre la elección de un estado de vida, pero no siempre están obligados a seguir este consejo. Los padres no deben forzar a sus hijos respecto a la elección de un estado de vida ni impedirles a que sigan el estado de vida que escogen.

¿CUÁLES SON LOS DEBERES DE LOS PADRES RESPECTO A LOS HIJOS?

Los padres deben amar a sus hijos, bautizarlos cuanto antes, proveerles su bienestar material, instruirlos y darles una educación cristiana, corregir sus defectos, entrenarlos por medio de la palabra y el buen ejemplo en la práctica de las virtudes cristianas, y aconsejarlos y guiarlos para que puedan formar una conciencia que sea moralmente recta.

"El que no usa la vara no quiere a su hijo; mas el que lo quiere lo castiga algunas veces" (Prov 1,24). (Vea también Ecl 7,2; Ef 6,4.)

¿CÓMO PUEDEN LOS PADRES CUMPLIR SU RESPONSABILIDAD DE CONSERVAR SOLIDOS LOS LAZOS DE LA UNION FAMILIAR?

Los padres pueden cumplir su responsabilidad especial de conservar sólidamente la unión de su familia por medio de la oración, sacrificio y liturgia familiares.

¿CUÁLES SON ALGUNOS DE LOS DEBERES DE LOS TRABAJADORES HACIA SUS PATRONES?

Algunos de los deberes de los trabajadores hacia sus patrones son: servirlos con fidelidad y honradez; y guardar contra todo daño la propiedad y el buen nombre de su patrón.

¿CUÁLES SON ALGUNOS DEBERES DE LOS PATRONES HACIA SUS EMPLEADOS?

Los patrones deben procurar asegurar el trato equitativo y justo de sus trabajadores y pagarles un sueldo por su trabajo corresponde a las exigencias de la justicia y la equidad.

¿ESTAMOS OBLIGADOS A OBEDECER LAS LEYES CIVILES CUANDO ESTAS CONTRADIGAN LAS LEYES DE DIOS?

Cuando la ley civil obliga a los ciudadanos a que violen la ley de Dios, la ley es mala y nadie la debe obedecer porque la Escritura declara:

"Se debe obedecer a Dios mas bien que a los hombres" (Hech 5,29).

¿CUÁLES SON LOS DEBERES DEL CIUDADANO RESPECTO A SU PAIS?

Los principales deberes del ciudadano en relación con su país son: respetar la autoridad civil y obedecer las leyes justas; esto es, cumplir concientemente todos sus deberes cívicos.

"Pues dad al César lo que es del César y a Dios lo que es de Dios" (Lc 20,25).

¿CUÁLES SON LOS PRINCIPALES DEBERES CIVICOS?

Los principales deberes cívicos son: pagar los impuestos, defender el país aun a costa de la propia vida; cumplir los deberes de votar; trabajar en favor de y sostener las leyes que protegen la moralidad cristiana y el bien común.

¿ES LA OBLIGACION DE LLEVAR ARMAS PARA DEFENDER EL PROPIO PAIS UN DEBER QUE OBLIGA A TODOS?

La obligación de llevar armas para defender el propio país no obliga a los que, por razones de conciencia, rehusan llevarlas con tal de que éstos consientan en servir a la comunidad de alguna otra forma.

¿CUÁLES SON LOS DEBERES DE LOS CATOLICOS EN RELACION CON LAS VOTACIONES EN TIEMPO DE ELECCIONES?

Los católicos deben votar por los candidatos cuyas creencias y progamas son con toda sinceridad benéficas para todos.

¿ES PECADO VOTAR POR UN CANDIDATO QUE SEA ENEMIGO DE LA RELIGION?

Es un pecado votar por alguien que es un enemigo de la religión o del bienestar nacional porque, al votar por él, el votante participa en los males que tal persona pueda hacer si llega a ser elegida.

¿ES PECADO NO VOTAR?

Puede ser pecado no votar si, por no votar, uno viene a ser causa de que sea elegida una persona incompetente o aun perversa.

QUINTO MANDAMIENTO

¿CUÁL ES EL QUINTO MANDAMIENTO DE LA LEY DE DIOS?

El quinto mandamiento de la ley de Dios dice así: "No matarás" (Ex 20,13).

"La vida de todo ser viviente está en sus manos y el aliento de la humanidad entera" (Job 12,10).

¿QUÉ ORDENA EL QUINTO MANDAMIENTO?

El quinto mandamiento nos ordena a que cuidemos debidamente nuestra propia vida y la de nuestro prójimo. Podemos incluir en este mandamiento algunos ataques que se perpetran contra la vida del alma.

¿CUÁLES SON LOS CRIMENES PRINCIPALES QUE SE COMETEN CONTRA LA VIDA Y DIGNIDAD HUMANA?

Algunos de los crímenes principales que se cometen contra la vida y dignidad humana son cualquier tipo de asesinato, tal como el aborto, la eutanasia, el suicidio culpable, la mutilación y esterilización del cuerpo humano sin razón grave, tortura y tormento psicológico, llevar una vida y condiciones de trabajo penosas e indecentes, prisión forzada de personas inocentes, deportación del propio país y la esclavitud y venta de hombres, mujeres y niños.

¿SE APLICA A TODA VIDA HUMANA INOCENTE EL QUINTO MANDAMIENTO, "NO MATARÁS"?

Sí, el mandamiento, "No matarás" se aplica a toda vida humana inocente, incluyendo también la vida del niño no-nacido—todavía en el vientre de su madre—que posee el mismo derecho a la vida como cualquier otra persona humana. El aborto en cualquier momento después de la concepción del niño en el vientre de su madre priva al que todavía no ha nacido de este derecho fundamental, y por tanto es asesinato.

¿SE PERMITE ALGUNA VEZ ACORTAR LA PROPIA VIDA CONSCIENTEMENTE?

Es pecaminoso intentar directamente abreviar o acortar la vida de uno mismo, por ejemplo, al escoger trabajar bajo condiciones peligrosas que pueden poner en riesgo la vida en espera de acortar la propia vida. Una persona puede, sin embargo, arriesgar su vida y su propia salud por una razón grave: por ejemplo, para salvar la vida de otra persona.

¿ESTÁ CONTRA EL QUINTO MANDAMIENTO LA EUTANASIA O "MUERTE POR MISERICORDIA"?

La eutanasia o "muerte por misericordia" siempre es un pecado grave porque ninguna persona humana tiene derecho sobre su propia vida o la de su prójimo. Sólo Dios es el Señor y Dueño de la vida. El pecado que se comete es suicidio o asesinato.

¿ES EL ABUSO DE LAS DROGAS UN ACTO PECAMINOSO?

El abuso de las drogas es un acto pecaminoso porque puede dañar seriamente nuestro bienestar mental y físico. Las drogas también hacen más fácil para nosotros el cometer actos malos a nosotros mismos y a otros.

¿SE PERMITE ALGUNA VEZ LA MUTILACION DEL CUERPO HUMANO?

La mutilación del cuerpo humano—por ejemplo: separar un brazo, una pierna, etc.—se puede permitir si no hay otro modo de preservar la salud o salvar la vida de la persona.

¿QUÉ ENSEÑA LA IGLESIA RESPECTO A LA ESTERILIZACION?

Si la esterilización quirúrgica se lleva a cabo para quitar del hombre o de la mujer el poder y la capacidad de procrear hijos por causa de la sola satisfacción propia, por necesidades económicas o sociales, tales acciones son gravemente malas. Mas si la esterilización es necesaria por razones serias de salud, entonces no hay pecado en tal acto, pues la esterilización indirecta no tiene como fin el hacer imposible la procreación.

¿EN QUÉ CIRCUNSTANCIAS PUEDE SER UN ACTO LEGITIMO EL QUITAR LA VIDA DE OTRA PERSONA?

Puede ser un acto legítimo el quitar la vida de otra persona: 1) para proteger la vida propia y las posesiones y las del prójimo contra un asaltante injusto, siempre que no haya otros medios efectivos de protección; 2) para pelear en una guerra justa; 3) para imponer un justo castigo por un crimen aunque muchos pensadores católicos sostienen que la pena de muerte no se justifica en nuestros tiempos.

¿DE QUÉ MODO ESTAMOS OBLIGADOS A CUIDAR DE NUESTRA SALUD CORPORAL?

Estamos obligados a utilizar los medios ordinarios (alimento, descanso, alojamiento, atención médica) para conservar nuestra vida. Los medios extra-ordinarios, por ejemplo, los que exigen dolor y gastos excesivos u otras dificultades extremas, no son obligatorios. Se debe consultar la autoridad de la Iglesia en caso de duda.

¿POR QUÉ DEBEMOS TAMBIEN TENER CUIDADO DE NUESTRO BIENESTAR ESPIRITUAL Y DEL DE NUESTRO PROJIMO?

Nuestro bienestar espiritual es mucho más importante que el corporal porque no estamos destinados solamente para esta vida, sino para la vida eterna.

¿DE QUÉ OTRAS MANERAS PODEMOS FALTAR AL QUINTO MANDAMIENTO?

Faltamos al quinto mandamiento por medio de peleas, disgustos, odio e iras, venganza, embriaguez, y el uso de drogas que traen daño y peligro a la salud.

¿QUÉ NOS ENSEÑO CRISTO SOBRE EL AMOR Y EL PERDON DE LOS DEMAS?

Cristo nos enseñó a rezar en el Padrenuestro: "Perdona nuestras ofensas como nosotros perdonamos a los que nos ofenden." Jesús mismo nos dio el ejemplo supremo de perdón; desde la cruz oró por todos los que causaron Su muerte,

"Padre, perdónales, porque no saben lo que hacen" (Lc 2,34).

Iras, odios, peleas, etc., son acciones directamente opuestas a la gran ley del amor de Cristo:

"Amarás a tu projimo como a ti mismo" (Mt 22,39).

Y añadió:

"Amad a vuestros enemigos y rogad por los que os persiguen..." (Mt 5,44).

¿DE QUÉ OTRO MODO RESPETAMOS EL BIENESTAR ESPIRITUAL DEL PROJIMO?

Respetamos el bienestar espiritual del prójimo al darle siempre buen ejemplo en nuestra vida pública y privada.

Puede ser un acto pecaminoso ser ocasión de escándalo o dar mal ejemplo que lleve a nuestro prójimo a cometer pecado de palabra, obra u omisión, o hacer que tenga menos respeto y reverencia de Dios y de la religión.

¿CUÁLES SON ALGUNAS OCASIONES DE ESCANDALO?

Ocasiones de escándalo o de mal ejemplo son: el desprecio y el descuido de la práctica de los deberes religiosos; el uso de lenguaje indecente e indigno; las películas, televisión, programas de radio y literatura inmorales; las modas inmodestas; y el ejemplo de malas amistades.

¿QUÉ RESPONSABILIDAD TIENEN LOS QUE TOMAN PARTE EN LA PRODUCCION O TRANSMISION DE PRESENTACIONES DE LOS MEDIOS DE COMUNICACION SOCIAL?

Los que son responsables por los medios de comunicación social deben enterarse de las normas de la moral y ponerlas conscientemente en práctica en su campo de actividades.

¿QUÉ OBLIGACION TIENEN LECTORES, RADIO OYENTES Y TELEVIDENTES RESPECTO AL USO DE LOS MEDIOS DE COMUNICACION SOCIAL?

Los lectores, radio oyentes y televidentes están obligados a escoger solamente aquellos programas que son moralmente buenos y honestamente verídicos. Deben evitar todo programa que pueda ser la causa de daño espiritual para ellos o para otras personas. Además, los padres tienen el deber de proteger a sus hijos de toda influencia que sea moralmente dañina que provenga de los medios de comunicación social, y de formarse a sí mismos y a sus hijos para poder usar los medios de comunicación con conciencia recta.

¿DEBEMOS RESPETAR A TODA PERSONA?

Si, tenemos la obligación de respetar a todos porque han sido creados a la imagen y semejanza de Dios, han sido redimidos por Cristo y están destinados para la vida eterna. Por tanto debemos superar y vencer toda clase de prejuicio contrario al plan de Dios y a la dignidad humana.

"Este es su mandamiento, así como lo habéis oido al principio, que viváis en el amor" (2 Jn 6).

¿CUÁNDO PODEMOS DECIR QUE UNA GUERRA ES JUSTA?

Para que una guerra sea justa: 1) debe ser declarada por el jefe del gobierno; 2) los que toman parte en la guerra deben tener una intención recta; 3) debe existir una causa justa para declararla; 4) si otros medios de resolver el conflicto fueron iniciados sin resultado positivo; 5) los males del conflicto no pueden ser más grandes que los buenos resultados que se esperan si se iniciara la guerra.... La aplicación de estos principios es muy difícil en el mundo de hoy.

¿CÓMO PUEDEN LOS CRISTIANOS CONTRIBUIR AL ESTABLECIMIENTO DE UNA PAZ VERDADERA?

Los cristianos pueden contribuir al establecimiento de una paz verdadera, primero, al rechazar todas las causas de discordia que existan (injusticias, desconfianza, egoísmo, envidia y otras pasiones) en sus vidas personales. En segundo lugar, al apoyar financiera, profesional y moralmente aquellas instituciones nacionales e internacionales cuyo fin es ayudar en el desarrollo de las naciones y trabajar por la cooperación entre ellas.

SEXTO Y NOVENO MANDAMIENTOS

¿CUÁL ES EL SEXTO MANDAMIENTO DE LA LEY DE DIOS?

El sexto mandamiento de la ley de Dios es:
"No cometerás adulterio" (Ex 20,14).

¿CUÁL ES EL NOVENO MANDAMIENTO DE LA LEY DE DIOS?

El noveno mandamiento de Dios es éste:
"No desearás la mujer de tu prójimo" (Ex 20,17).

¿QUÉ COSA OBLIGAN A PRACTICAR EL SEXTO Y EL NOVENO MANDAMIENTOS?

El sexto mandamiento nos obliga a ser puros y modestos en nuestra conducta, ya sea cuando estemos solos o con otros. El noveno mandamiento nos obliga a ser puros en nuestros pensamientos y deseos.

¿POR QUÉ SE ESTUDIAN ESTOS DOS MANDAMIEN-TOS JUNTOS?

Estudiamos el sexto y noveno mandamientos juntos porque ambos se refieren a la virtud de la pureza; la pureza externa (cómo hablamos y obramos) en el sexto mandamiento, y la pureza interna (cómo pensamos, imaginamos y deseamos) en el noveno mandamiento.

¿QUÉ ES LA PUREZA?

La pureza o castidad es la virtud por la cual regula-mos del modo más debido nuestro uso de los actos sex-uales según nuestro propio estado de vida.

¿QUÉ ES LA VIRTUD DE LA MODESTIA?

La modestia es la virtud que nos inclina a guardar nuestros sentidos de tal manera que podamos evitar cualquier tentacion que sea posible. También nos causa controlar toda inclinación que pueda incitar a los demás a pecar y nos ayuda a ser decentes y dignos en el ves-tido y en el comportamiento.

¿QUÉ PECADOS SE NOS PROHIBEN POR EL SEXTO Y NOVENO MANDAMIENTOS?

El sexto mandamiento de la ley de Dios nos prohibe todo acto impuro, esto es, los placeres ilegítimos del sexo y todo lo que nos pueda llevar a la impureza. El noveno mandamiento prohibe los pensamientos impuros que tengamos por puro placer; la imaginación de cosas impuras, voluntariamente buscadas o no rechazadas en seguida; y los malos deseos.

¿SON PECAMINOSAS TODAS LAS TENTACIONES CONTRA LA CASTIDAD?

Las tentaciones contra el sexto y el noveno mandamientos no son pecaminosas en sí mismas, sin embargo, debemos rechazar todo pensamiento impuro inmediatamente, ignorarlos o tratar de distraernos con otras pensamientos y por medio de la oración. Dichas tentaciones son pecaminosas sólo cuando el pensamiento de la acción impura o el deseo contra la castidad o la pasión excitan deliberadamente al que los tiene. Esto sucede cuando la persona les da pleno consentimiento, es decir, cuando se deleita en ellos.

¿CUÁLES SON LOS PRINCIPALES PECADOS QUE SE COMETEN CONTRA ESTOS DOS MANDAMIENTOS?

Los principales pecados que se cometen contra estos dos mandamientos son: adulterio, negación irrazonable de los derechos matrimoniales, fornicación (el acto sexual entre personas no casadas), aborto, contracepción, homosexualidad, prostitución, sexo prematrimonial, masturbación, pensamientos, palabras o acciones deliberados que excitan sentimientos sexuales desordenados, lectura de literatura obscena, el mirar películas inmorales, programas de televisión, dramas, comedias, espectáculos, fotografías indecentes o cuadros inmorales, escuchar o bailar al compás de música sugestiva.

¿PODEMOS ACTUAR EN ESTOS CASOS SOLO CON SEGUIR NUESTRA PROPIA CONCIENCIA?

Ciertamente debemos juzgar todas nuestras acciones según nuestra propia conciencia, pero, antes que todo, nuestra conciencia ha de ser educada según la verdad moral objetiva, esto es, ser guiada por la ley moral que el Creador nos dio. Esto exige que conozcamos mejor las Escrituras y la doctrina de la Iglesia, y que recemos con más empeño.

"El que sabe mis preceptos y los guarda, ése es el que me ama, y el que me ama será amado de mi Padre, y Yo lo amaré y me manifestaré a él" (Jn 14,21).

¿CÓMO SABEMOS QUE LA IGLESIA ESTÁ CORRECTA EN SU JUICIO CON RELACION A ESTA MATERIA?

Sabemos que la Iglesia juzga acertadamente en estos asuntos porque tiene el mandato divino que recibió de Cristo de guardar e interpretar Su moral. La Iglesia está protegida en todo tiempo por el Espíritu Santo. Sabemos también que la ley moral cristiana está fundada sobre la ley natural.

"No creáis que he venido a anular la Ley o los Profetas. No he venido a anularlos, sino a cumplirlos. Porque Yo os declaro solemnemente que hasta que pasen el cielo y la tierra, ni una 'i,' ni un puntito de la Ley pasará hasta que no se cumpla todo" (Mt 5,17-18).

SI TODAS ESTAS RESTRICCIONES SON PARTE DE LA LEY NATURAL, ¿POR QUÉ TENEMOS TANTA INCLINACION A QUEBRANTARLAS?

Todas estas restricciones son en efecto una parte de la ley natural porque en la conciencia de todo hombre está inscrito un código de moral. Sin embargo, nos sentimos inclinados a quebrantar los reglamentos de este código por causa del pecado original que debilitó nuestra naturaleza al inclinarla hacia el pecado.

"El espíritu está pronto, pero la carne es débil" (Mc 14,38).

El diablo nos tienta también. (Veánse Apoc 12,9; 1 Pe 5,8-9; Sab 2,24).

¿POR QUÉ SE PROHIBE GRAVEMENTE EL ADULTERIO?

Se prohibe gravemente el adulterio por dos motivos: 1) porque al romper la unión matrimonial al usar las facultades sexuales fuera de esa unión, la persona viola la virtud de la castidad; 2) en razón de quitar el derecho exclusivo del consorte (su compañero o companera en el matrimonio), la persona ofende y viola también la virtud de la justicia.

¿POR QUÉ ESTAN CONDENADAS POR LA IGLESIA LOS ACTOS HOMOSEXUALES Y LA MASTURBACION?

Los actos homosexuales y la masturbación están prohibidos gravemente porque violan "las leyes inscritas en el ser íntimo del hombre y de la mujer" *(Humanae vitae,* nos. 11, 12) y porque burlan el plan divino:

"Creó Dios al hombre...lo creó hombre y mujer. Luego los bendijo Dios y les dijo: 'Sed fecundos y multiplicaos; llenad la tierra y conquistadla' " (Gen 1,27-28).

¿CUÁL ES LA ENSEÑANZA DE LA IGLESIA ACERCA DEL ABORTO Y DEL INFANTICIDIO (MUERTE DADA A UN NIÑO)?

La Iglesia enseña que el aborto y el infanticidio son crímenes abominables.

"Tú me fabricaste en el seno materno. Gracias porque me diste un ser tan prodigioso; tus obras son estupendas y lo reconozco" (Sal 139,13-14).

¿CUÁL ES LA DOCTRINA DE LA IGLESIA SOBRE EL CONTROL DE LA NATALIDAD?

La Iglesia condena todas las formas de control de la naturalidad tales como pastillas, drogas o aparatos profilácticos, porque éstos están en contra del fin natural del amor matrimonial, esto es, la transmisión de la vida. Si por graves razones se aconseja la limitación de nacimientos, los Católicos pueden practicar lo que se llama planificación natural de la familia. Los esposos pueden consultar a algún sacerdote o un grupo de planificación natural de la familia.

¿POR QUÉ DEBEMOS TRATAR NUESTRO CUERPO COMO SI FUERA UNA COSA SAGRADA?

Debemos tratar nuestro cuerpo como a una cosa sagrada porque en verdad lo es, gracias al hecho de que Dios vive en nosotros por la gacia. San Pablo dice:

"¿Qué, no sabéis que vuestro cuerpo es Templo del Espíritu Santo que vive dentro de vosotros, de ese Espíritu que habéis recibido de Dios?" (1 Cor 6,19).

¿CUÁLES SON LOS MEDIOS PRINCIPALES POR LOS QUE PODEMOS PRACTICAR LA PUREZA?

Los medios principales para la práctica de la pureza son la frecuente recepción de la Santa Comunión y una fervorosa devoción a la Santísima Virgen María. Para que uno se pueda guardar contra la impureza, hay que vigilar también las propias acciones, conversaciones, etc., y evitar, en cuanto sea posible, todas las ocasiones de pecado.

¿CUÁLES SON LOS PELIGROS MAS FRECUENTES CONTRA LA VIRTUD DE LA CASTIDAD?

Los peligros que con más frecuencia se presentan contra la castidad son:

1. la ociosidad, que lleva a las tentaciones;

2. las malas amistades que nos influyen con sus malas acciones;

3. la curiosidad desordenada que nos puede encaminar hacia ocasiones peligrosas de pecado;

4. comer y beber en exceso, lo cual lleva al hombre a la búsqueda de constantes satisfacciones corporales;

5. las modas inmodestas que convierten a la persona en un esclavo de las apariencias exteriores y de la atención de los demás, y que pueden llegar a ser una tentación grave para los demás.

6. las lecturas obscenas e inmorales, televisión, películas, dramas teatrales, espectáculos, diversiones y fotografías, que graban impresiones fuertes y repetidas en la mente, etc.

7. la música sugestiva, que por su ritmo o palabras, excita los apetitos sensuales;

8. las conversaciones obscenas que, además de causar tentaciones y traer escándalo a los demás, van carcomiendo gradualmente el sentido moral del hombre.

SEPTIMO Y DECIMO MANDAMIENTOS

¿QUÉ DICE EL SEPTIMO MANDAMIENTO DE LA LEY DE DIOS?

El séptimo mandamiento dice,
"No robarás" (Ex 20,15).

¿QUÉ DICE EL DECIMO MANDAMIENTO?

El décimo mandamiento dice: No codiciarás los bienes ajenos.

"No codiciarás la casa de tu prójimo...ni su esclavo, ni su esclava, ni su buey, ni su burro, ni nada de lo suyo" (Ex 20,17).

¿CUÁL ES EL DEBER QUE SE NOS IMPONE POR EL SEPTIMO Y EL DECIMO MANDAMIENTOS DE LA LEY DE DIOS?

En virtud de estos dos mandamientos estamos obligados a ser honrados y a respetar todo lo que se refiere a las propiedades de otros.

¿QUÉ PROHIBE EL SEPTIMO MANDAMIENTO?

El séptimo mandamiento prohibe el hurto y el robo, la adquisición injusta de bienes y la destrucción innecesaria y deliberada de lo que pertenece a los demás. El hurtar los bienes de nuestro prójimo puede ser un acto gravemente pecaminoso si lo que se roba es de gran valor (si no, sólo es pecado venial). El robar alguna cosa

de poco valor puede ser un acto gravemente pecaminoso si el dueño es una persona pobre y, si al perder
su propiedad sufre un daño grave.

¿QUÉ PROHIBE EL DECIMO MANDAMIENTO?

El décimo mandamiento prohibe aun el deseo de
tomar o de guardar para nosotros mismos los bienes del
prójimo.

¿ESTAMOS OBLIGADOS A DEVOLVER LOS BIENES QUE HEMOS ROBADO?

Efectivamente estamos obligados a devolver las
propiedades que hemos robado o su valor en dinero al
dueño o, si éste está muerto, a su familia o herederos.

Si no se pueden localizar ni el dueño ni su familia,
los bienes o propiedades o su valor en dinero se deben
entregar a los pobres o a una obra de caridad.

¿CUÁLES SON ALGUNAS DE LAS FORMAS MAS SUTILES DE ROBAR?

Algunas de las formas más sutiles de robar son:
cometer fraude al consumidor en cuanto al uso exacto
de una máquina u objeto que se pone a la venta; ocultar
algún defecto de ese objeto; hacer trabajo defectuoso o
reparaciones mal hechas (por negligencia); reparar
maquinaria y cambiar piezas innecesaria o descuidada-
mente; cobrar y no hacer el mejor trabajo que sea posible; en la política obtener dinero o posiciones por
medios deshonestos; hacer falsos reclamos de seguro,
etc.

¿QUÉ ES EL COHECHO O EL SOBORNO?

El cohecho o el soborno es ofrecer dinero u otros
objetos de valor con intención de corromper moralmente. El cohecho es claramente malo y puede llegar a ser
gravemente pecaminoso.

¿POSEE EL HOMBRE EL DERECHO A TENER PROPIEDAD PRIVADA?

Sí, el hombre tiene derecho de adquirir y mantener propiedad privada. Ese derecho, concedido a él por el Creador, le facilita al hombre los medios para vivir, progresar y crecer.

¿PUEDE EL PRINCIPIO DE DERECHO A LA PROPIEDAD PRIVADA JUSTIFICAR LA SOBREABUNDANCIA DE ALGUNOS Y LA EXTREMADA POBREZA DE OTROS?

El principio de la propiedad privada no justifica de ningún modo la sobreabundancia de que gozan algunos y la extremada pobreza de que padecen otros. Nadie está justificado al conservar para su uso exclusivo lo que no necesita, especialmente cuando hay otros a quienes les hace falta lo necesario.

¿CUÁL DEBE SER LA ACTITUD DE LOS PATRONES?

La actitud de los patrones debe ser la de la equidad (u honradez)—justicia unida a la caridad—así asegurando a sus trabajadores un salario justo, condiciones dignas y debidas de trabajo y seguridad razonable en el trabajo.

¿CUÁNDO SE PERMITE A LOS TRABAJADORES LANZARSE EN HUELGA?

Se permite a los trabajadores lanzarse en huelga cuando sus derechos son violados, o los contratos legales son ignorados, o surgen otras dificultades serias.

La huelga, sin embargo, es un medio que sólo se puede usar después de que otros medios de resolver las dificultades han sido probados y no han dado resultado positivo. Más aún, se debe hacer la huelga de una manera honrada y pacífica, evitando toda forma de violencia.

¿CUÁLES SON ALGUNOS DE LOS DEBERES DE LOS TRABAJADORES?

Los trabajadores tienen el deber de producir y hacer un buen trabajo, de cuidar razonablemente de las propiedades del patrón, de prevenir el daño a los materiales e implementos de trabajo por descuido, y de emplear bien las horas y tiempo de trabajo.

¿ESTÁ UNO OBLIGADO A COMPENSAR POR EL DAÑO OCASIONADO?

Sí, estamos obligados a compensar por el daño que hemos ocasionado injustamente a la propiedad de otros en cuanto sea posible.

¿QUÉ ES JUGAR POR DINERO?

Aventurar en el juego es poner dinero o artículos de valor para un suceso futuro o en un juego de azar, cuyo resultado es desconocido a los que participan en él.

¿ES MALO TOMAR PARTE EN JUEGOS DE ESTA INDOLE?

Participar en el juego de por sí puede ser una diversión, y no va contra las normas de la moral católica, si se juega honradamente y con moderación. Sin embargo, el juego de azar puede llegar a ser pecado, aun pecado mortal, si lleva a la persona a cometer excesos, tales como la falta de honradez y la pérdida de grandes cantidades de dinero, poniendo así en riesgo las necesidades de la familia y aun de la sociedad.

OCTAVO MANDAMIENTO

¿CUÁL ES EL OCTAVO MANDAMIENTO?

El octavo mandamiento de la ley de Dios es éste: "No rendirás falso testimonio contra tu projimo" (Ex 20,16).

"...Renunciando a la mentira, diga cada cual la verdad a su prójimo, porque somos miembros los unos de los otros" (Ef 4,25).

¿QUÉ DEBER SE NOS IMPONE EN VIRTUD DEL OCTAVO MANDAMIENTO?

En virtud del octavo mandamiento estamos obligados a decir la verdad y a interpretar de la mejor manera posible las acciones de nuestro prójimo.

¿QUÉ DEBEMOS EVITAR EN VIRTUD DEL OCTAVO MANDAMIENTO?

Por el octavo mandamiento debemos evitar los juicios precipitados, las sospechas, la detracción (el revelar las faltas ocultas de otro), las mentiras y la calumnia (el quitar el buen nombre del prójimo), el decir cuentos de los demás y la divulgación de secretos que estamos obligados a guardar.

¿QUÉ ES LA MENTIRA?

La mentira es algo que se dice ordinariamente con el fin de engañar a los demás, que sabemos o sospechamos que no es la verdad.

"El testigo falso no quedará sin castigo; y el que respira el embuste perecerá" (Prov 19,9).

¿PUEDE EXISTIR ALGUN BUEN MOTIVO PARA DECIR UNA MENTIRA QUE EXCUSE DEL MAL?

Ninguna razón por buena que sea, excusará el decir una mentira porque la mentira siempre es un acto malo en sí mismo. Nunca se permite, ni por una buena razón, hacer una cosa que es intrínsecamente mala.

¿QUÉ ES UNA MENTIRA JOCOSA?

Una mentira jocosa es un cuento que uno hace a fin de divertir o de instruir a los demás. Puede llegar a ser un acto pecaminoso si la persona que la dice no manifiesta claramente que lo que se ha dicho no se debe entender a la letra.

¿QUÉ ES UNA RESERVA MENTAL?

Una reserva mental, hecho en circunstancias cuando una persona está obligada en conciencia a no revelar la verdad completa, limita el sentido de sus palabras a un cierto sentido.

¿CUÁL ES LA DIFERENCIA ENTRE UNA RESERVA MENTAL ESTRICTA Y UNA RESERVA MENTAL GENERAL?

La reserva mental estricta, la cual realmente es una mentira, limita el significado de lo que se dice de un modo tan grande que solamente hay una manera en que se puede entender la declaración y esta manera es falsa. Esto nunca se permite. La reserva mental general o amplia da una clave para que se pueda conocer el significado real de la declaración y también la verdad que se deriva de ella. Se permite esta reserva cuando hay razón suficiente.

¿QUÉ ES UN JUICIO HECHO CON PRECIPITACION?

El juicio precipitado es creer, sin razón suficiente, algo que daña el carácter de otra persona.

¿POR QUÉ DEBEMOS EVITAR LOS JUICIOS CON PRECIPITACION?

Toda persona tiene el derecho de ser respetado por los demás. Cuando se hace un juicio precipitado, se da causa para pensar menos favorablemente de otra persona y esto está opuesto a la virtud de la caridad.

¿QUÉ ES LA DETRACCION?

La detracción es revelar, sin razón justa, las faltas ocultas de otros.

¿SE PERMITE ALGUNA VEZ REVELAR LAS FALTAS DE OTRA PERSONA?

Se permite revelar las faltas de otra persona cuando es necesario dejar saber a sus padres o superiores para que las faltas puedan ser corregidas y la persona culpable quede impedida de cometer un pecado más grave. Si la persona es procesada como criminal, el revelar sus faltas no es detracción, porque tal persona ya no merece respeto en este asunto. Sin embargo, es un acto más caritativo no hablar de tales faltas.

¿CUÁNDO SE COMETE LA CALUMNIA O LA DENIGRACION?

Se comete la denigración o la calumnia del prójimo cuando una persona perjudica el buen nombre de otro por medio de la mentira.

¿QUÉ ES LA CHISMERIA?

La chismería es el acto de decir a las personas lo que otros han dicho acerca de ellas, especialmente si lo que se ha dicho es malo. Es un acto malo porque ocasiona iracundia, odio y mala voluntad, y con frecuencia puede ser causa de pecados más graves.

¿CUÁNDO ESTAMOS OBLIGADOS A GUARDAR UN SECRETO?

Estamos obligados a guardar un secreto cuando hemos prometido hacerlo, cuando lo requiere nuestro oficio o trabajo, o cuando el bien de los demás lo exige.

¿QUÉ ES UN SECRETO NATURAL?

Un secreto natural es aquel cuya observancia es exigida por ley natural o la recta razón.

¿QUÉ ES EL SECRETO PROMETIDO?

El secreto prometido es aquel cuyo contenido se revela a otro, y después se obtiene la promesa de no revelarlo.

¿QUÉ ES EL SECRETO CONFIADO?

El secreto confiado es aquel en que se hace primero la promesa de guardarlo y después se revela la información.

¿SE PERMITE ALGUNA VEZ LEER LAS CARTAS O ESCRITOS PRIVADOS DE OTRA PERSONA?

Estos escritos no pueden leerse jamás sin el permiso (aun presumido razonablemente) del dueño, a menos que el motivo sea prevenir daño grave a uno mismo, a otra persona o a la sociedad.

¿QUÉ DEBE HACER UNA PERSONA CUANDO HA COMETIDO EL PECADO DE LA DETRACCION O LA CALUMNIA?

Una persona que ha cometido detracción o calumnia debe tener la intención de reparar el daño hecho a su prójimo, en cuanto esto sea posible.

¿ POR QUÉ TIENEN EL INDIVIDUO Y LA SOCIEDAD EN GENERAL EL DERECHO DE RECIBIR INFORMACION?

La sociedad necesita información para poder hacer decisiones correctas, y los ciudadanos bien informados contribuyen tanto a su progreso personal como también al bien común.

¿QUÉ OTROS DERECHÓS SON PARALELOS CON EL DERECHO A INFORMACION?

El derecho de la privacidad para individuos, familias y sociedades debe estar asegurado, así como también el derecho al secreto, que obliga en conciencia, por razones que sean necesarias o profesionales.

¿CUÁL ES EL DEBER DE LOS QUE CONTROLAN LOS MEDIOS DE COMUNICACION SOCIAL AL PRESENTAR LAS NOTICIAS Y OTROS INFORMES AL PUBLICO?

Los que tienen control de los medios de comunicación social siempre deben comunicar la verdad y según lo permiten la justicia y la caridad, comunicarla enteramente. Esto debe hacerse con juicio equilibrado y prudencia, de tal manera que no sólo se comunica lo sensacional, sino lo que verdaderamente es de importancia.

¿CUÁL ES EL DEBER DE LOS OYENTES Y ESPECTADORES CON RELACION A LOS MEDIOS DE COMUNICACION SOCIAL?

Los oyentes y espectadores tienen el deber de aceptar la verdad y de rechazar lo que se opone a ella. Esto lo hacen con mostrar su reacción a lo que se les presenta. Deben manifestar falta de satisfacción cuando se anuncian distorciones, tergiversaciones, omisiones, reportajes perjudiciales, y el reportar sucesos fuera de contexto. Se debe esperar asimismo que las equivocaciones cometidas se corrijan y que los sucesos descritos no se aminoraran ni se exageraran.

¿CÓMO SE PUEDE PROMOVER CON JUSTICIA LA OPINION PUBLICA?

Facilitar y propagar información y noticias que están de modo muy importante al servicio de la verdad y en reconocimiento de la dignidad humana y a beneficio de todos es el camino más justo y seguro de formar la opinión pública.

¿QUÉ RELACION EXISTE ENTRE LA EDUCACION Y LOS MEDIOS DE COMUNICACION SOCIAL?

Los medios de comunicación social, los cuales son excelentes instrumentos para llegar al mayor número de personas del modo más eficaz, deben ser utilizados para la educación de los hombres. Sus presentaciones deben animar a la gente a que reflexionen sobre lo que escuchan y ven y a que compartan sus experiencias con otros; todo, por supuesto, para el bien común.

¿QUÉ DEBE DECIRSE ACERCA DE LA VERDAD EN LOS ANUNCIOS COMERCIALES?

La verdad en los anuncios comerciales significa que el dar a conocer los diferentes productos y servicios del mercado a beneficio de los hombres y de la sociedad es algo bueno, con tal de que se respete la libertad de selección del individuo y que la verdad no se distorcione ni se oculte.

Algunos Deberes Especiales del Católico

LEYES DE LA IGLESIA

¿POSEE LA IGLESIA EL DERECHO DE HACER LEYES?

La Iglesia Católica tiene el derecho de hacer leyes de Su Fundador, Jesucristo, que dijo a los Apóstoles, los primeros líderes y obispos de su Iglesia:

"Y lo que atares en la tierra, atado será en los cielos; y lo que desatares en la tierra, desatado será en los cielos" (Mt 16,19; vea también Mt 18,18; Lc 10,16.)

¿QUIÉN EJERCE EL DERECHO DE LEGISLAR EN LA IGLESIA?

El Papa y los obispos en comunión con él ejercen el derecho de la Iglesia de hacer leyes.

¿QUIÉN POSEE LA JURISDICCION SUPREMA, COMPLETA, ORDINARIA E INMEDIATA SOBRE LA IGLESIA UNIVERSAL?

El Papa tiene la jurisdicción completa, suprema, ordinaria e inmediata sobre la Iglesia universal. (Vea también la sección completa sobre la Iglesia.)

¿EN QUÉ OTRO TIEMPO PUEDEN HACERSE LEYES QUE CONCIERNEN A LA IGLESIA UNIVERSAL?

Las leyes que conciernen a la Iglesia universal pueden hacerse por un Concilio general de los obispos reunidos en comunión con el Papa (por ejemplo el Concilio Vaticano II).

¿QUÉ ENTENDEMOS POR LOS PRECEPTOS DE LA IGLESIA?

Los preceptos de la Iglesia son los deberes u obligaciones especiales que nosotros, como católicos, tenemos que obedecer y cumplir.

¿CUÁLES SON LAS OBLIGACIONES ESPECIALES DE LOS CATOLICOS, QUE SE LLAMAN PRECEPTOS DE LA IGLESIA?

Algunas obligaciones que los católicos de hoy deben observar incluyen las siguientes: (Se mencionan tradicionalmente como Preceptos o Leyes de la Iglesia los que están marcados con asterisco).

1. Santificar el Día de la Resurrección del Señor; dar culto a Dios, con participar y asistir a la Misa cada domingo y Día de precepto;* evitar aquellas actividades y trabajos que impiden la renovación de cuerpo y alma.

2. Llevar una vida sacramental devota: recibir la Santa Comunión con frecuencia y el sacramento de la Penitencia con regularidad—como mínimo, recibir el sacramento de la Penitencia por lo menos una vez al año (la confesión anual es obligatoria solamente en caso que haya conciencia de pecado mortal)*

—como mínimo, recibir la Santa Comunión por lo menos una vez al año, de ordinario entre el primer Domingo de Cuaresma y el Domingo de la Santísima Trinidad. "Por causa justa, se puede cumplir el precepto en otro tiempo dentro del año" (Canon 920, 2).*

3. Estudiar la doctrina católica en preparación de recibir el sacramento de la Confirmación, recibir el sacramento de la Confirmación, y después continuar estudiando y avanzando la causa de Cristo.

4. Guardar las leyes del matrimonio de la Iglesia;* dar educación y entrenamiento religioso (por medio del ejemplo y de la palabra) a los propios hijos; hacer uso de las escuelas parroquiales y de los programas de educación religiosa.

5. Sostener y dar apoyo a la Iglesia;* a la propia comunidad parroquial y a los sacerdotes de la propia parroquia; a las actividades de la Iglesia universal y ayuda al Santo Padre.

6. Hacer penitencia y guardar las leyes de abstinencia de carne y ayuno de alimentos en los días designados.*

7. Unirse al espíritu misionero y en el apostolado de la Iglesia (Vea *Enzeñanzas Básicas de los Obispos de los Estados Unidos).*

¿CUÁLES SON LOS DIAS DE PRECEPTO EN LOS ESTADOS UNIDOS?

Los días de precepto en los Estados Unidos son:
—todos los domingos del año
—Enero 1, la Solemnidad de María, Madre de Dios
—la Ascensión del Señor (cuarenta días después de la Pascua de Resurrección)
—Agosto 15, Solemnidad de la Asunción de la Santísima Virgen María
—Noviembre 1, Día de Todos los Santos
—Diciembre 8, Solemnidad de la Inmaculada Concepción de la Virgen María
—Diciembre 25, Solemnidad de la Navidad.

SI UN CATOLICO POR DESCUIDO SUYO FALTA A MISA EN DOMINGO (O SABADO POR LA NOCHE) O EN UN DIA DE PRECEPTO, ¿COMETE PECADO?

El católico que por descuido falta a Misa en domingo (o sábado por la noche) o en día de precepto comete un pecado mortal.

¿POR QUÉ NO ES PRUDENTE, HABLANDO ESPIRITUALMENTE, EXCUSARNOS CON FACILIDAD DE LA MISA DOMINICAL?

No es prudente, hablando espiritualmente, considerarnos exentos con facilidad de la Misa en domingo. Las gracias que necesitamos para llevar una fervorosa vida Católica se nos transmiten por medio de la Santa Misa.

¿QUIÉNES ESTAN EXENTOS DE ASISTIR A LA MISA EN DOMINGO Y EN DIAS DE PRECEPTO?

Algunos de los que están exentos de asistir a la Misa en domingo o en días de precepto son:

—los enfermos y los que cuidan de ellos;

—los que viven a larga distancia de una iglesia Católica;

—los que tienen que desempeñar un trabajo urgente (así como policías, bomberos, enfermeras en turno, etc.)

—los que están impedidos por dificultades temporales, tales como la temperatura (una persona anciana en caso de una nevada o temperatura muy fría).

Todos pueden consultar libremente a un sacerdote respecto de su situación especial, y se les anima a que lo hagan.

¿POR QUÉ INSTITUYO LA IGLESIA LOS DIAS DE PRECEPTO?

La Iglesia instituyó los días de precepto para traer a nuestra mente los sagrados misterios de nuestra Fe Católica, y los sucesos importantes en las vidas de Jesús, María y los santos.

¿QUÉ DICE LA LEY DE LA IGLESIA ACERCA DE LA PENITENCIA?

Todos los Católicos están obligados a hacer penitencia a su propia manera en virtud de la ley divina; para que todos se puedan unir en una observancia común de penitencia, se han fijado días en que los fieles, de modo especial pueden rezar, hacer obras de piedad y caridad, y mortificarse por cumplir más fielmente sus responsabilidades y, sobre todo, por hacer ayuno y abstenerse.

¿QUÉ ENTENDEMOS POR DIA DE AYUNO?

Un día de ayuno es un día en que se puede tomar solamente una comida completa. Las otras dos comidas no deberían igualar en cantidad la comida completa. En los Estados Unidos los únicos días de ayuno son Miércoles de Ceniza y Viernes Santo. No se permite comer entre comidas, pero se puede beber líquidos, incluso la leche y jugos de fruta.

¿POR QUÉ INSTITUYO LA IGLESIA LOS DIAS DE AYUNO?

La Iglesia instituyó los días de ayuno para que nosotros los cristianos aprendiéramos a fijar nuestra mirada en el Señor y en el destino y meta de nuestra vida aquí en la tierra por medio de la abnegación de nuestro propio cuerpo. Así logramos seguir el ejemplo de Jesús quien

"...fue llevado al desierto por el Espíritu para que allí lo tentara el diablo. Cuando hubo ayunado cuarenta días y cuarenta noches, luego tuvo hambre" (Mt 4,1-2). (Véanse también Tob 12,8; Jl 2,12; Mt 6,16-18).

¿QUIÉNES ESTAN OBLIGADOS A AYUNAR?

Están obligados a ayunar los Católicos que han llegado a los 18 años de edad y que no han llegado todavía a los 59 años de edad.

¿QUÉ SIGNIFICA LA LEY DE LA ABSTINENCIA?

La ley de la abstinencia ordena que nos privemos de comer carne y sopas y salsas hechas con carne, en algunos "días de abstinencia" designados así por la Iglesia, tal como el Miércoles de Ceniza.

¿CUÁLES SON LOS DIAS DE ABSTINENCIA DE CARNE EN LOS ESTADOS UNIDOS?

Los días de abstinencia de carne en los Estados Unidos son: el Miércoles de Ceniza, los Viernes de Cuaresma y el Viernes Santo. Los Católicos de 14 años de edad y mayor están obligados a guardar esta ley.

¿SON EL AYUNO Y LA ABSTINENCIA LAS UNICAS "PENITENCIAS" QUE OBLIGAN A LOS CATOLICOS?

El ayuno y la abstinencia no son las únicas "penitencias" que obligan a los Católicos. Debemos hacer otras penitencias por nuestra propia cuenta y elección, especialmente en los Viernes del año, pues Jesús dio Su vida por nosotros en un Viernes, y durante la Cuaresma, cuando recordamos lo que el Señor sufrió por nosotros. La Iglesia nos dice:

"Todos los fieles, cada uno a su modo, están obligados por ley divina a hacer penitencia, sin embargo, para que todos se unan en alguna práctica común de penitencia, se han fijado unos días penitenciales, en los que se dediquen los fieles de manera especial a la oración, realicen obras de piedad y de caridad y se nieguen a sí mismos cumpliendo con mayor fidelidad sus propias obligaciones y, sobre todo, observando el ayuno y la abstinencia" (Canon 1249).

LA VIDA CRISTIANA Y EL PUEBLO DE DIOS

¿QUÉ ES UN CRISTIANO?

Un Cristiano es una persona bautizada que sigue las enseñanzas de Jesucristo Nuestro Señor. San Pablo lo dice así,

"Imitadme, así como yo imito a Cristo" (1 Cor 11,1).

¿QUÉ ENTENDEMOS POR MORALIDAD CRISTIANA?

Moralidad Cristiana es llevar una vida conforme a nuestra dignidad de seres humanos y de hijos adoptivos de Dios.

"Vosotros también sed santos en toda vuestra conducta: pues escrito está: 'Seréis santos porque Yo soy santo' " (1 Pe 1,1-16).

¿CUÁL ES EL GRAN MANDAMIENTO QUE DEBEN VIVIR Y PRACTICAR TODOS LOS QUE CREEN EN DIOS?

El Gran Mandamiento que deben vivir todos los que creen en Dios es:

"Amarás al Señor tu Dios con todo tu corazón, con toda tu alma, y con toda tu inteligencia.... Amarás a tu prójimo como a tí mismo" (Mt 22,37;39).

¿QUÉ SIGNIFICADO TIENE PARA NOSOTROS EL MANDAMIENTO DEL AMOR?

Debemos amar a Dios con todo nuestro ser. Debemos amar a los demás como Jesús nos ama a nosotros y porque Dios los ama y quiere que hagamos lo mismo (Vea Dt 6,4-25).

¿A QUIÉN SE DIRIGEN NUESTROS DEBERES?

Tenemos deberes hacia Dios, hacia nosotros mismos y hacia nuestro prójimo, como nos lo ha mostrado el estudio de los Diez Mandamientos.

¿QUÉ ESTENDEMOS POR EVANGELIZACION?

Evangelización es difundir y diseminar el Evangelio—la Buena Nueva de lo que Jesús ha hecho por nosotros, y lo que nos promete. Jesús nos lo dice así:

"Yo soy la luz del mundo" (Jn 8,12).
"Vosotros sois la luz del mundo" (Mt 5,14).

Dice tambien:
"Id por todo el mundo y predicad el Evangelio a toda la creación" (Mc 16,15) (Vea también Mt 28,19-20).

¿POR QUÉ NOS LLAMO JESUS "LA LUZ DEL MUNDO"?

Jesús nos llamó "la luz del mundo" porque quiere que llevemos una vida buena y que demos testimonio de la verdad ante nuestro prójimo.

San Pedro declara:
"Adelantad en gracia y en el conocimiento de Jesucristo, nuestro Señor y Salvador" (2 Pe 3,18).

¿CUÁLES SON LAS OBRAS ESPIRITUALES DE MISERICORDIA?

Las obras espirituales de misericordia son éstas: enseñar al que no sabe, dar buen consejo al que los ha de menester, corregir al que yerra, perdonar las injurias, consolar al triste, sufrir con paciencia las flaquezas de nuestro prójimo, rogar a Dios por vivos y muertos.

¿CUÁLES SON LAS OBRAS CORPORALES DE MISERICORDIA?

Las obras de misericordia corporales son estás: visitar a los enfermos, dar de comer al hambriento, dar de beber al sediento, vestir al desnudo, dar posada al peregrino, redimir al cautivo, enterrar a los muertos.

¿QUÉ SON LAS BIENAVENTURANZAS?

Las ocho Bienaventuranzas son éstas:
"Bienaventurados los pobres de espíritu, porque suyo es el Reino de los cielos.
Bienaventurados los apacibles, porque poseerán la tierra.
Bienaventurados los que lloran, porque serán consolados.
Bienaventurados los que tienen hambre y sed de justicia, porque serán saciados.
Bienaventurados los misericordiosos, porque obtendrán misericordia.
Bienaventurados los puros de corazón porque verán a Dios.
Bienaventurados los que procuran la paz, porque se les llamará hijos de Dios.
Bienaventurados los perseguidos por causa de la justicia, porque suyo es el Reino de los Cielos.
Bienaventurados seréis vosotros cuando os injurien, persigan, y digan falsamente cualquier cosa mala de vosotros, por causa mía. Alegraos y saltad de contento, porque vuestro premio será grande allá en los Cielos; porque de la misma manera persiguieron a los profetas predecesores vuestros" (Mt 5,3-12).

¿CÓMO CONSIDERA EL CATOLICO EL SUFRI- MIENTO POR LA FE?

El Católico considera y mira el sufrimiento por la Fe como lo miró San Pablo:

"En realidad, yo estimo que los sufrimientos de esta vida no pueden compararse con la gloria futura que se manifestará en nosotros" (Rom 8,18).

Y Santiago declara:

"Dichoso el hombre que aguanta la prueba; porque una vez aprobado recibirá la corona de la vida que promete Dios a los que lo amen" (Sant 1,12). (Vea también 1 Pe 4,16; Rom 12,14; 21).

¿CÓMO DEBEMOS VIVIR NUESTRA FE?

Vivimos nuestra Fe estudiando la religión, haciendo frecuentes actos de Fe, y demostrando nuestra Fe por medio de nuestras obras buenas.

"Vivo en la fe del Hijo de Dios, el cual me amó y se entregó por mí (Gal 2,20).

Vivimos asimismo nuestra Fe evitando todo lo que pueda ponerla en peligro por ejemplo: malas amistades, lectura de libros malos, orgullo y soberbia de la inteligencia y del corazón. Estos peligros pueden llevarnos a la negación de algunas o de todas las verdades de nuestra Fe o a la indiferencia en la práctica de la misma.

¿CÓMO DAMOS TESTIMONIO DE NUESTRA FE A BASE DE NUESTRAS OBRAS?

Damos testimonio de nuestra Fe al obrar para aplicar el espíritu del Evangelio a todos los aspectos de nuestra vida, especialmente en las relaciones que tenemos con nuestro prójimo. De esa manera damos testimonio de Cristo y contribuímos a la difusión del Reino de Dios y a la edificación de un mundo más humano.

"Viviendo siempre preparados para defenderos de cualquiera que os pida razón de la esperanza que tenéis" (1 Pe 3,15).

¿QUÉ DICE SANTIAGO APOSTOL SOBRE LOS CRISTIANOS QUE NO REFLEJAN EL ESPIRITU DEL EVANGELIO EN SUS VIDAS?

"El que se imagine ser religioso, sin poner freno a su lengua, engaña su corazón, y de nada le sirve la religión" (Sant 1,26).

¿CUÁLES SON LOS MODOS DE VIVIR LA VIDA SEGUN LOS CUALES LOS CRISTIANOS PUEDEN SERVIR A DIOS Y A SU PROJIMO?

Los modos de vivir la vida según los cuales los Cristianos pueden avanzar y acercarse más a Dios y a la vez manifestar su amor al prójimo son los siguientes: el sacerdocio y la vida religiosa, el matrimonio y estado de soltero.

¿HAY ALGUNOS COMPROMISOS DE POR VIDA FUERA DE LOS DOS ESTADOS DEL MATRIMONIO Y DEL SACERDOCIO?

Además del matrimonio y del sacerdocio, hay otros compromisos de vida que son el llamamiento a la vida religiosa como sacerdote, Hermano o Hermana y la vocación a un instituto secular de vida consagrada.

¿QUÉ ES UNA VOCACION?

Una vocacion es un llamamiento de Dios a una persona para que siga un modo especial de vida, especialmente el sacerdocio o la vida religiosa.

"Como el Padre me envió, así os envío Yo" (Jn 20,21). (Vea también Jn 15,16.)

¿QUÉ ENTENDEMOS POR VIDA RELIGIOSA?

La vida religiosa es un estado especial de vida, un modo especial de seguir a Jesús. Los religiosos y las religiosas son personas que hacen votos de castidad, obediencia y pobreza en una comunidad religiosa.

¿QUÉ ES UN VOTO?

Un voto es una promesa hecha libre y voluntariamente a Dios por medio de la cual la persona se obliga a sí misma bajo pena de pecado a hacer algo que es posible, que es moralmente bueno, y mejor que su contrario o mejor que si no la hubiese hecho.

¿QUÉ CLASE DE VOTOS HACEN LOS RELIGIOSOS?

Los religiosos hacen tres votos, castidad (no contraer matrimonio), pobreza (renunciar a los bienes materiales), obediencia (obedecer a sus superiores que toman el lugar de Dios). Estos tres votos se llaman los consejos evangélicos.

¿CUÁL ES EL FIN DE LOS VOTOS RELIGIOSOS?

Los votos religiosos tienen como fin liberar la mente y el corazón del religioso para que pueda amar a Dios totalmente y servir a su pueblo completamente. Esta vida es un anticipo de cómo viviremos en el cielo.

¿CÓMO PODEMOS AYUDAR A LAS MISIONES?

Podemos dar nuestra ayuda a las misiones por medio de la oración, la limosna y los sacrificios.

¿SE LLAMAN TODOS LOS SACERDOTES, RELIGIOSOS?

No todos los sacerdotes se llaman religiosos. Se llaman religiosos solamente los que pertenecen a una congregación religiosa. Los sacerdotes que no pertenezcan a una congregación religiosa se llaman sacerdotes diocesanos o sacerdotes parroquiales porque se dedican al servicio del Pueblo de Dios en las parroquias.

¿SE LLAMAN TODOS LOS HERMANOS O HERMANAS RELIGIOSOS O RELIGIOSAS?

Todos los Hermanos y las Hermanas se llaman religiosos o religiosas porque todos pertenecen a una congregación religiosa.

¿RECIBEN ACASO LOS RELIGIOSOS UN SACRAMENTO ESPECIAL?

Los sacerdotes religiosos reciben el sacramento del Orden Sacerdotal, pero la vida religiosa en sí misma no está dotada de un sacramento especial. Los religiosos hacen su profesión pública de los tres votos de pobreza, obediencia y castidad a imitación de Jesús. Los religiosos tambien prometen servir a la Iglesia por su dedicación a las tareas apostólicas especiales a las que está dedicada su respectiva congregación.

¿QUÉ QUIERE DECIR LA "CASTIDAD RELIGIOSA"?

La castidad religiosa es el nombre del voto que hacen los religiosos, así dedicando y consagrando sus vidas enteras a Dios al renunciar al matrimonio. San Pablo declara:

"El soltero se preocupa de las cosas del Señor, mirando cómo le agrada" (1 Cor 7,32).

¿QUÉ QUIERE DECIR "POBREZA RELIGIOSA"?

El nombre de pobreza religiosa se da a la promesa o voto que hace un religioso por medio del cual elige renunciar a la propiedad y a los bienes de esta tierra, y compartir las cosas en comunidad para encontrar así su "tesoro" en el cielo (Vea Mt 19,16-22).

¿QUÉ QUIERE DECIR "OBEDIENCIA RELIGIOSA"?

Obediencia religiosa es el voto especial por medio del cual el religioso se compromete a obedecer la Regla de su congregación religiosa y a su superior quien representa a Dios ante él.

¿QUÉ ENTENDEMOS POR "VIDA DE COMUNIDAD"?

Vida de comunidad, un factor esencial de la vida religiosa, es la vida sosegada, llevada en común entre los religiosos, el compartir la misma vida de oración, trabajo, comida, alojamiento y horario. Todos estos actos comprenden un mismo ideal de vida.

¿CUÁL FUE EL ORIGEN DE LA VIDA RELIGIOSA?

El origen de la vida religiosa está afirmado en la Sagrada Escritura, y especialmente en las palabras y en los ejemplos de Jesús, nuestro Divino Maestro. Jesús dijo al joven rico del Evangelio:

"Si quieres ser perfecto, anda y vende todas tus propiedades, reparte su importe a los pobres, con lo cual tendrás un tesoro en el cielo y ven a seguirme" (Mt 19,21). (Vea también Mt 5,48; Lc 18:28-30).

¿CUÁL ES EL FIN DE LA VIDA RELIGIOSA?

El fin de la vida religiosa es dar gloria a Dios y continuar la obra de la santificación personal por medio de la imitación de la vida de Jesús, el Divino Maestro. Jesús declaró:

"Sed pues perfectos, así como vuestro Padre celestial es perfecto" (Mt 5,48). (Vea también 1 Tes 4,3; Mt 19,21).

¿QUÉ CLASE DE RECOMPENSA PROMETE JESUS A LOS SACERDOTES RELIGIOSOS, HERMANOS Y HERMANAS QUE SON FIELES?

Jesús hablo de la recompensa así:

"En verdad os digo que no hay nadie que haya dejado casa, mujer, hermanos, padres, o hijos por el Reino de Dios que no reciba mucho más en el tiempo presente, y la vida eterna en el futuro" (Lc 18,29-30).

INDICE ALFABETICO

St. Paul Book & Media Centers:

ALASKA
750 West 5th Ave., Anchorage, AK 99501 **907-272-8183.**
CALIFORNIA
3908 Sepulveda Blvd., Culver City, CA 90230 **213-397-8676.**
1570 Fifth Ave. (at Cedar Street), San Diego, CA 92101 **619-232-1442;**
619-232-1443.
46 Geary Street, San Francisco, CA 94108 **415-781-5180.**
FLORIDA
145 S.W. 107th Ave., Miami, FL 33174 **305-559-6715; 305-559-6716.**
HAWAII
1143 Bishop Street, Honolulu, HI 96813 **808-521-2731.**
ILLINOIS
172 North Michigan Ave., Chicago, IL 60601 **312-346-4228;**
312-346-3240.
LOUISIANA
4403 Veterans Memorial Blvd., Metairie, LA 70006 **504-887-7631;**
504-887-0113.
MASSACHUSETTS
50 St. Paul's Ave., Jamaica Plain, Boston, MA 02130 **617-522-8911.**
Rte. 1, 885 Providence Hwy., Dedham, MA 02026 **617-326-5385.**
MISSOURI
9804 Watson Rd., St. Louis, MO 63126 **314-965-3512; 314-965-3571.**
NEW JERSEY
561 U.S. Route 1, Wick Plaza, Edison, NJ 08817 **908-572-1200;**
908-572-1201.
NEW YORK
150 East 52nd Street, New York, NY 10022 **212-754-1110.**
78 Fort Place, Staten Island, NY 10301 **718-447-5071; 718-447-5086.**
OHIO
2105 Ontario Street (at Prospect Ave.), Cleveland, OH 44115
216-621-9427.
PENNSYLVANIA
214 W. DeKalb Pike, King of Prussia, PA 19406 **215-337-1882;**
215-337-2077.
SOUTH CAROLINA
243 King Street, Charleston, SC 29401 **803-577-0175.**
TEXAS
114 Main Plaza, San Antonio, TX 78205 **512-224-8101.**
VIRGINIA
1025 King Street, Alexandria, VA 22314 **703-549-3806.**
CANADA
3022 Dufferin Street, Toronto, Ontario, Canada M6B 3T5 **416-781-9131.**